Rédiger et soutenir un mémoire avec succès

Éditions d'Organisation
Groupe Eyrolles
61, bd Saint-Germain
75240 Paris cedex 05

www.editions-organisation.com
www.editions-eyrolles.com

© Groupe Eyrolles, 2007
ISBN : 978-2-212-53927-1

Didier ROCHE

Rédiger et soutenir un mémoire avec succès

EYROLLES

Éditions d'Organisation

À Nathalie, mon épouse

Sommaire

Partie 3
Boîte à outils

Introduction

La validation de la plupart des diplômes nécessite pour les étudiants d'avoir rédigé, et parfois soutenu, un mémoire de fin d'études. C'est un exercice délicat, d'autant plus difficile à réussir qu'ils n'y sont pas forcément préparés : ils se retrouvent confrontés à une multitude de questions à poser, d'interrogations auxquelles ils ont du mal à faire face. Même s'ils sont souvent aidés par un tuteur, celui-ci ne dispose pas toujours du temps nécessaire pour répondre à ces questions récurrentes qu'ils jugent parfois trop « simplistes » pour leur prêter toute l'attention qu'elles méritent.

Ce livre part des besoins des étudiant et s'adresse directement à eux. Quel que soit le type d'études dans lesquelles ils sont engagés, ils trouveront dans cet ouvrage des éléments qui les aideront dans la conception même de leur mémoire, et leur permettront de se préparer au mieux à l'épreuve de la soutenance. Cet écrit s'appuie sur des ouvrages de méthodologie de conception de mémoire et poursuit trois objectifs :

- répondre aux questions les plus souvent posées par les étudiants pour leur permettre de mieux saisir toute la philosophie et tout l'intérêt du mémoire opérationnel de fin d'études, réservant ainsi leurs questions les plus pertinentes à leur directeur de mémoire ;

  Un mémoire « opérationnel », sans se départir d'une rigueur académique, vise à répondre à une problématique d'entreprise, à entrevoir plusieurs pistes opérationnelles et à présenter des résultats utiles pour l'aboutissement du travail de l'étudiant, mais aussi pour l'entreprise.

- proposer aux étudiants, en accord avec leur tuteur, de réaliser un mémoire « opérationnel » ;

- fournir aux étudiants un cadre méthodologique qui leur permettra de présenter au mieux devant un jury le mémoire réalisé.

Cet ouvrage se décompose en trois parties :

- dans la première partie nous répondrons aux questions les plus fréquemment posées (**FAQ**) par les étudiants – questions d'ordre général, questions portant sur le contenu du mémoire, questions sur la soutenance – ;
- la deuxième partie sera consacrée aux différents **aspects théoriques** du recueil et de l'exploitation de données qu'il est indispensable d'appréhender avant de se lancer dans la rédaction d'un mémoire opérationnel ;
- la troisième partie est une « **boîte à outils** », dans laquelle les étudiants trouveront des fiches méthodologiques et des modèles.

> Afin de me permettre de faire évoluer cet ouvrage,
> n'hésitez pas à m'adresser vos remarques et commentaires.
> rochedidier@livertysurf.fr

Partie 1

FAQ

Chapitre 1

Questions d'ordre général

Que se passe-t-il si mon mémoire n'est pas validé ?

Il peut paraître étonnant d'entrer dans le vif du sujet en répondant à cette question ! C'est pourtant bien de cela qu'il s'agit lorsque l'on souhaite discuter de la réalisation d'un mémoire de fin d'études.

En effet, l'étudiant réalise son mémoire parce que ce dernier lui est indispensable pour valider son parcours en université ou en école. S'il ne le fait pas, il se peut, selon les institutions, qu'on lui laisse – ou non – une seconde chance, ou qu'on lui laisse – ou non – quelques mois, ou même une année supplémentaire, afin de réaliser ce travail. Cependant, si l'étudiant ne voit dans cet exercice que le seul fait de « valider son année », voire l'ensemble de son cursus, il ne prendra pas vraiment de plaisir à effectuer ce travail et subira cet exercice de réalisation de mémoire plus qu'il n'agira sur lui.

Le mémoire opérationnel, dont la définition et la démarche seront présentées plus en avant, lui permet, tout en étant contraint par des règles académiques, de se transformer en véritable acteur pour réaliser et valider son mémoire.

Est-ce que c'est embêtant à faire ?

La réalisation d'un mémoire est incontestablement une contrainte, mais ce n'est pas pour autant que ce dernier va être fastidieux à réaliser. S'il possède un peu de technique, l'étudiant peut se prendre au jeu et s'apercevoir qu'il est aisé de réaliser une œuvre utile de 80 pages, tout en lui accordant un intérêt croissant.

Peut-on en trouver un « tout fait » sur le Net ?

Bien sûr, avec les nouvelles technologies, il est possible de trouver un mémoire tout fait, sur le Net ou ailleurs. Mais, sans même évoquer les sanctions dues au plagiat intégral, ceci montrerait surtout que l'étudiant n'a absolument pas compris le but ultime de l'exercice !

En effet, au-delà de l'aspect purement académique, la réalisation d'un mémoire a pour vocation principale de faire réfléchir l'étudiant et de lui apprendre à structurer sa pensée dans le but de progresser et d'élever ses compétences.

Quelle est l'attente des enseignants par rapport au mémoire ?

L'attente des enseignants par rapport au mémoire est souvent considérable.

L'étudiant va d'abord être jugé sur la *forme* du document remis. Il s'agit pour l'enseignant de s'assurer que le mémoire correspond bien aux normes qui sont établies en la matière.

Consultez en bibliothèque les mémoires précédemment rédigés. Ceux-ci, pour peu qu'ils soient de qualité, vous permettront d'avoir une vue quasi parfaite de ce qui est attendu par les enseignants, au moins sur un plan formel.

Sur le plan du *fond*, les enseignants sont souvent exigeants. Ils attendent d'une part que l'étudiant ait fait en quelque sorte le tour du problème, c'est-à-dire qu'il ait bien recensé les principales références bibliographiques ayant trait au traitement du sujet sans en avoir omis de fondamentales et incontournables. D'autre part, les enseignants attendent de l'étudiant qu'il apporte, si c'est possible, de nouvelles références qu'ils ne connaissent pas forcément et qui permettent de mieux éclairer le traitement du sujet proposé[1].

---

1. Voir la grille de notation de mémoire proposée dans la troisième partie.

Quelle est l'attente des professionnels par rapport au mémoire ?

L'attente des professionnels est, dans le cadre d'un mémoire dit « opérationnel », un élément fondamental à prendre en compte. Le professionnel est celui par lequel le mémoire va pouvoir vivre, et passer du statut de « mémoire de compilation » à celui de mémoire opérationnel.

Les attentes des professionnels vis-à-vis du mémoire sont simples. En règle générale, dans le cadre de leurs activités quotidiennes, les professionnels rencontrent de multiples problèmes qu'ils se doivent de résoudre au mieux pour assurer la pérennité de leur firme. Ce qui est demandé à l'étudiant est de :

- détecter les problématiques émergentes,
- définir les concepts de ces problématiques,
- recenser ce que pensent certains auteurs à ce sujet,
- réévaluer certaines pistes envisagées par ces auteurs et de les mettre face à la réalité pour observer si elles fonctionnent ou pas.

Les professionnels attendent donc de l'étudiant qu'il fasse un point théorique sur un sujet donné et fournisse, après avoir effectué une sorte d'enquête, des recommandations managériales à l'entreprise.

Le thème général doit-il être ciblé en fonction des stages préalablement effectués ?

Le thème général ne doit pas forcément être ciblé en fonction des stages effectués précédemment. Parfois, l'établissement au sein duquel évolue l'étudiant peut même définir des thématiques spécifiques au sein desquelles l'étudiant doit choisir de traiter un sujet.

Cependant, si au cours de ses stages l'étudiant a pu voir émerger des problématiques qui correspondent aux thématiques choisies par l'institution à laquelle il appartient, il a bien entendu tout intérêt à

Choisissez aussi votre sujet en fonction de vos aspirations profondes. En effet, vous allez vivre pendant quelques mois avec votre sujet : il faut éviter de vous en lasser trop rapidement.

les choisir. Grâce à cela, il pourra obtenir plus facilement des informations de la part de l'entreprise sur le sujet qu'il souhaite traiter.

Comment avoir une bonne note « sans se fouler » ?

Avoir une bonne note sans se fouler est toujours difficile... En revanche, avoir une bonne note en prenant du plaisir est chose possible. Pour être bien noté, l'étudiant doit choisir un sujet qui l'intéresse et qui est lié à un « terrain d'application »[1] qui l'enthousiasme. Ensuite, il doit appliquer un minimum de technique, que ce soit dans la répartition et l'équilibre des parties du mémoire comme dans l'articulation de ces mêmes parties. Introduction et conclusion doivent également être soignées selon des techniques précises[2].

---

1. Nous ne parlerons pas ici de « terrain de recherche », préférant réserver ce terme aux mémoires de recherche.
2. Voir les modèles d'introduction et de conclusion proposés dans la troisième partie.

Chapitre 2

Questions sur le mémoire

Quel type de plan adopter ?

Chacun est bien entendu libre d'adopter le plan qu'il désire ! Quel que soit le nombre de parties, l'essentiel est que le travail soit équilibré et réponde à la question posée de la meilleure manière possible.

Voici les différents plans qu'il est possible d'utiliser :

Type de plan	Méthode
Plan chronologique	Découpage articulé autour de dates et d'époques charnières
Plan par aspects et critères	Sélection des angles d'approche
Plan par points de vue	Présentation de chaque point de vue
Plan descriptif	Description de chacune des parties
Plan comparatif	Ressemblances, différences
Plan de discussion	Deux parties : « pour » et « contre »
Plan dialectique	Trois parties : thèse, antithèse, synthèse
Plan scientifique	Faits, hypothèse(s), vérification hypothèse(s), solution(s)
Plan « diagnostic »	Problème, analyse situation, recherche solution, décision
Plan « SOSRA »	Situation, observation, sentiment, réflexion, action

Source : Eckenschwiller, M., *L'Écrit universitaire*, Les Éditions d'Organisation, 1994, p.47.

Dans le cadre de la réalisation d'un mémoire opérationnel, nous préconisons d'adopter le plan dit « scientifique ». Il permet à l'étudiant de faire le point sur les concepts utilisés pour répondre à la problématique choisie, de cerner les différentes pensées des auteurs de référence, puis de confronter une ou plusieurs pistes dégagées par la littérature au terrain d'application retenu.

Combien de pages faut-il réaliser ?

Il s'agit bien sûr d'une question qui hante souvent les étudiants. Il ne faut pas croire que cela soit uniquement par fainéantise, et que les étudiants cherchent à effectuer le moins de travail possible. Même si cela peut être le cas, c'est surtout la peur de l'exercice qui fait demander aux étudiants quel sera le nombre de pages à réaliser. Tout enseignant vous dira qu'il est impossible de prédire un nombre précis de pages à concevoir. Cependant, il est vrai que si un nombre de pages trop restreint ne permet pas de véritablement développer l'intégralité d'une pensée, un mémoire trop volumineux dilue le raisonnement et donne l'impression d'un travail diffus.

Conformez-vous à ce que demande l'institution à laquelle vous appartenez. En règle générale, il vous faudra construire le travail demandé en environ 80 pages. C'est pourquoi nous retiendrons ce format.

Comment un mémoire doit-il être structuré ?

Si l'on désire réaliser un mémoire opérationnel, l'idéal sera de le structurer en deux parties distinctes :

- la première aura plutôt tendance à préciser le problème et les concepts théoriques de l'étude ;
- la seconde s'attachera plus particulièrement à traiter des problèmes opérationnels.

Commencer à construire son mémoire à partir d'un format préétabli aidera donc grandement l'étudiant. Bien évidemment, ce dernier pourra faire évoluer son travail au rythme de ses recherches et de ses interrogations, mais une structure préétablie s'avère toujours fort utile.

Si nous nous basons sur un document dont le cœur même sera formé de 82 pages, il sera possible de le construire de la manière suivante : une introduction de 5 pages environ, et une conclusion qui sera également de 5 pages (soit en tout 10 pages). Il restera donc 72 pages à répartir en deux parties égales. Ceci voudra dire que chacune des parties représentera un volume de 36 pages qui, si on les redivise encore en deux, représenteront deux sous-parties de 18 pages, elles mêmes sous-divisées en deux sous sous-parties de 9 pages chacune.

Ceci peut être représenté schématiquement de la manière suivante en présentant les grandes masses du mémoire[1] :

Introduction		5 p.
Première partie		36 p.
I.1. Sous-partie 1		18 p.
I.1.a	Sous sous-partie 1	9 p.
I.1.b	Sous sous-partie 2	9 p.
I.2. Sous-partie 2		18 p.
I.2.a	Sous sous-partie 1	9 p.
I.2.b	Sous sous-partie 2	9 p.
Seconde partie		36 p.
II.1. Sous-partie 1		18 p.
II.1.a	Sous sous-partie 1	9 p.
II.1.b	Sous sous-partie 2	9 p.
II.2. Sous-partie 2		18 p.
II.2.a	Sous sous-partie 1	9 p.
II.2.b	Sous sous-partie 2	9 p.
Conclusion		5 p.

---

1. Voir un exemple de plan détaillé dans la troisième partie.

Le respect de cette architecture comporte plusieurs avantages :

- fournir un **guide de structure** précieux à l'étudiant ;
- permettre, si cette démarche est bien suivie, de présenter *in fine* un **travail équilibré**, les deux parties du travail comportant le même nombre de pages ;
- contraindre la pensée de l'étudiant dans un environnement strict. Il se devra donc d'être **concis et précis** dans ses propos pour atteindre le but recherché et la quantité de pages requise.

Comment s'articulent les parties ?
Jusqu'à quel niveau d'approfondissement faut-il aller ?

Une fois la structure globale détaillée, il s'agit de préciser ce qui va pouvoir être inséré au sein des différentes parties (laissons pour le moment les phases d'introduction et de conclusion de côté, nous y reviendrons plus tard).

- **La première partie est une partie théorique.** Il s'agit de poser les termes de la *problématique* et les diverses *controverses* qui l'entourent.
  - La première sous-partie s'attache à *définir les concepts* de l'étude. Il faut donc y définir avec précision ce qui peut être compris par les termes mêmes de la problématique choisie par l'étudiant.
  - La deuxième sous-partie a pour but de mettre en évidence la *pensée des auteurs* (académiques ou professionnels) qui s'intéressent à la problématique retenue. Il faut mettre en relief leurs pensées, leurs idées et leurs travaux (enquêtes réalisées par exemple) et les classer en fonction de leurs différents clivages (un peu comme le sont les députés à l'Assemblée nationale : pour une même problématique, les députés de divers partis ont souvent des idées contradictoires).

À partir de ces différentes manières de penser et d'entrevoir le problème posé, l'étudiant doit « trancher » et proposer une ou plusieurs pistes de réponses à cette problématique dont il vérifiera ensuite le bien-fondé dans la deuxième partie.

▶ **La deuxième partie est la partie pratique du mémoire.** Elle a pour but de confirmer ou d'infirmer la véracité des pistes entrevues.

- – La première sous-partie doit se conformer à une *méthodologie d'enquête* stricte qui passe idéalement par la mise en place d'une approche qualitative et quantitative[1].
- – La deuxième sous-partie est consacrée à l'*analyse des résultats* obtenus.

Combien de parties doit comporter le plan ?

Nous l'avons vu, le nombre de parties peut varier selon le type de plan adopté. Cependant, la règle fondamentale à retenir concerne l'équilibre de ces parties. Si elles sont équilibrées, le correcteur aura l'impression d'un travail réfléchi, structuré et normalement ordonné.

Dans le cadre d'un mémoire opérationnel, deux grandes parties s'imposent : la partie théorique et la partie opérationnelle.

Peut-on changer de sujet et/ou de plan en cours de route ?

La question concernant le changement de sujet, de plan, voire de titre, est fréquemment posée par les étudiants. Ils ont l'impression que dès lors qu'ils sont engagés dans le processus de conception de leur mémoire, tout est figé. Cependant, même si l'étudiant doit avant tout bien définir la thématique de son mémoire, la définition

---

1. Sur ces questions, voir la deuxième partie.

précise du sujet se fait souvent en cours de route, tout comme la définition de la problématique qui s'affine au cours des lectures réalisées.

Pour ce qui est du plan, il peut lui aussi changer lors de la rédaction du mémoire, mais rappelons-le, il semble plus opportun de conserver un « squelette », une structure « guide » qui permettra à l'étudiant de mieux se repérer et d'avancer plus sereinement dans son travail.

Quand doit-on commencer à travailler sur son mémoire ?

En fait, le travail de préparation et de réflexion commence bien en amont de la réalisation du mémoire. Si l'étudiant veut mener le plus facilement possible son projet, il doit s'appuyer sur ses expériences passées et surtout sur les thématiques qu'il a pu rencontrer au cours de ses différents stages.

Si la thématique, voire la problématique sous-jacente, sont déjà définies, si le terrain d'observation est déjà connu, l'étudiant gagnera un temps précieux.

Commencez à travailler sur votre mémoire le plus tôt possible, c'est-à-dire dès que votre institution vous demande de le faire.

Dès les premières phases du travail, l'étudiant doit visualiser matériellement les différentes étapes qu'il aura à accomplir successivement[1].

Quelle est la durée prévisible d'écriture ?

Le travail peut être scindé en quatre parties distinctes :

- l'étude terrain, qu'elle soit qualitative, quantitative ou les deux à la fois ;

---

1. Voir la troisième partie : les étapes du travail de recherche.

◗ la phase de lecture afin de préciser les divers concepts utilisés, les auteurs de référence et les recherches réalisées sur la problématique étudiée ;

◗ la phase de réalisation du mémoire : problématisation, structuration, réflexion sur le plan et le contenu ;

◗ l'écriture du mémoire, mais aussi la mise en page de ce dernier. Ce travail, qui peut sembler simple à accomplir n'en reste pas moins « chronophage ».

La durée à prévoir pour écrire le mémoire sera donc fonction du temps passé à chacune des différentes étapes.

> Vous devez connaître vos forces et vos faiblesses pour déterminer sur quels points il vous faudra passer plus de temps, faute de facilité à réaliser l'exercice.

Y a-t-il des sujets à éviter ?

Dès lors que le mémoire est un travail de type opérationnel, les sujets à éviter sont ceux traitant de ce qu'il est convenu d'appeler le macro-environnement.

« Le micro-environnement regroupe tous les acteurs de l'offre et de la demande influençant directement le marché de l'entreprise, à savoir les fournisseurs, les producteurs, les distributeurs ainsi que les consommateurs-acheteurs et les prescripteurs. » Le macro-environnement représente quant à lui « l'ensemble des variables économiques, démographiques, sociologiques, technologiques, naturelles et politico-légales pouvant agir sur le micro-environnement. »[1]

(Voir schéma page suivante.)

---

1. Boulocher, V., Flambard, S., Jean, S., *L'Analyse d'un marché*, Vuibert, 2003, p.49.

> *Ainsi, un sujet du type : « L'avenir de la croissance économique en Chine » sera considéré comme un sujet traitant du macro-environnement, alors que « L'avenir de la croissance économique en Chine. Quel avantage en tirer pour l'entreprise Y ? » est un sujet qui intègre fortement une donnée micro-environnementale et se rapproche davantage des préoccupations des entreprises.*

Une problématique plus concrète, issue des préoccupations du monde de l'entreprise, sera donc éminemment plus concrète, et de ce fait plus recevable par le jury, l'institution, et bien entendu par le monde de l'entreprise.

L'étudiant doit-il être concerné par son sujet ?

Évidemment, le sujet choisi doit concerner l'étudiant. Comme nous l'avons déjà mentionné, il faut que l'étudiant s'approprie le sujet et se fasse plaisir, qu'il trouve de l'intérêt à collecter de l'information, à l'analyser et à en tirer des résultats après l'avoir confrontée à la réalité d'un terrain d'observation.

Quels sont les enjeux du choix du sujet ?

Les enjeux du choix du sujet sont multiples. Premièrement, en choisissant un sujet qui l'intéresse, l'étudiant se lassera plus difficilement et éprouvera de l'intérêt à le traiter.

Deuxièmement, le sujet du mémoire peut être inscrit sur un CV et attirer l'attention d'un futur recruteur.

Est-il possible que deux étudiants choisissent des sujets de mémoire identiques au sein de la même promotion ?

Avoir deux sujets identiques au sein d'une même promotion n'est pas un handicap. Au contraire, cela peut aider les correcteurs, si ce sont les mêmes, à évaluer les mémoires l'un par rapport à l'autre.

Dans le cas d'un mémoire opérationnel, il est intéressant de constater que les premières parties du travail, traitant de la problématique, de la définition des concepts et des travaux d'enquête menés sur le sujet, ne varieront que très peu entre les deux travaux, tandis que les phases concernant l'enquête sur le terrain divergeront sans nul doute (terrain d'enquête mobilisé, pistes de réponses à envisager, etc.).

Qu'est-ce qu'une (bonne) problématique ?
Faut-il plusieurs problématiques ?

Avant de répondre à cette question, il semble avant tout indispensable de préciser qu'une problématique se définit et ne prend tout son sens qu'au sein d'une thématique donnée.

Une problématique est, selon le *Petit Larousse*, « un ensemble de questions qu'une science ou une philosophie se pose relativement à un domaine particulier ».

Dans le cadre d'un mémoire opérationnel, *il s'agit de déterminer une question qui se posera face à un domaine particulier.* Pour être pertinente, cette question devra passer à travers certains filtres destinés à vérifier que la problématique est bien valide.

Michel[1] cite dix critères « destinés à débusquer les fausses pistes ». Parmi eux, nous en retiendrons cinq qui nous semblent fondamentaux.

- La problématique prend-elle la forme d'une **question ?** Le fait de rédiger une problématique sous forme de question n'est pas obligatoire mais peut aider grandement le néophyte et lui fournir un guide précieux pour avancer dans son travail.

  Dans un mémoire opérationnel sur la performance des forces de vente, il est possible de proposer la problématique suivante : « L'éthique des forces de vente influe-t-elle sur leur performance ? »

- La **compréhension.** Une bonne problématique doit en effet être simple à comprendre, précise et cohérente. Il n'est donc pas nécessaire de choisir des phrases « à rallonge » ou des termes trop compliqués pour l'exprimer.

  Les notions d'éthique, de forces de vente et de performance sont parfaitement compréhensibles, même s'il faut bien entendu préciser ce qui peut être compris par ces concepts.

- Peut-on **répondre par oui ou non à la question posée ?** S'il est possible de répondre oui ou non, ce sera une bonne problématique.

  Ainsi, si l'on se demande si l'éthique des forces de vente mène à la performance, on pourrait être tenté de répondre « non ». Il est plausible de penser que plus un vendeur sera éthique et moins il sera performant à court terme du moins.

---

1. Michel, J.-L., *Le Mémoire de fin d'études dans les écoles de commerce*, Ellipses, 2002.

▸ En quoi cette problématique est-elle évidente ? Une bonne problématique ne doit pas être tautologique, c'est-à-dire paraître trop évidente.

> *Même si la réponse à la problématique citée précédemment semble être « non », il est intéressant de noter que la problématique doit toujours être observée sous un « angle d'attaque » particulier. Parle-t-on de performance à court ou long terme ? Dans le cas d'une performance à long terme, le vendeur éthique pourrait alors se révéler peut-être plus performant que son homologue moins éthique.*

▸ Quelle est son **originalité** ? La question doit être originale, mais sans plus.

> *Lier les termes d'éthique, de forces de vente et de performance est original, mais pas trop, et c'est surtout particulièrement intéressant.*

Il peut donc être aisément compris qu'une seule problématique est largement suffisante pour construire un mémoire.

Quelle est la meilleure manière de demander de l'aide à un professionnel ?

La meilleure manière de demander de l'aide à un professionnel est certainement de lui montrer que l'on peut éclaircir certains des problèmes qu'il rencontre. En fait, le chef d'entreprise ou ses collaborateurs sont confrontés, au cours de leur activité, à de nombreux problèmes. L'étudiant, en questionnant ces acteurs sur les obstacles qu'ils rencontrent au quotidien, peut voir émerger de nombreuses problématiques. Une fois ces problématiques mises en évidence, le chef d'entreprise sera satisfait que l'étudiant puisse lui apporter des précisions sur la définition des concepts mobilisés, sur leur mise en relation, en un mot, sur l'état des lieux de la situation, et qu'il réalise ensuite une enquête afin de vérifier que les pistes de développement futur sont cohérentes.

Quelle est la place de la théorie par rapport à la pratique ?

Même si le mémoire opérationnel se veut avant tout un mémoire pratique, il ne peut se départir d'une phase théorique.

▶ La *théorie* permet de poser les fondamentaux de la problématique abordée et de raisonner sur des bases plus sûres.

▶ La *pratique* vise plus particulièrement à vérifier que les résultats fournis par la littérature sont fondés.

Les parties théoriques et pratiques doivent donc être équilibrées.

Peut-on être de parti pris ? Quelle est la place de l'objectivité et la subjectivité dans le mémoire ?

Bien évidemment, nous réagissons tous en fonction de ce que nous sommes, de notre passé et de notre éducation. Penser qu'un mémoire peut être totalement objectif est illusoire, et réaliser un mémoire « transparent », sans que les opinions de son auteur n'interviennent dans la conception de ce dernier apparaît inconcevable.

Si l'on simplifie à outrance, il est possible d'entrevoir le fait que l'opinion et la personnalité même de l'auteur sont importantes. En effet, la thématique et le sujet du mémoire, s'ils ne sont pas imposés par l'établissement, sont le fruit d'une réflexion et d'une attirance personnelle, tout comme le sera le choix du terrain d'observation retenu par l'étudiant. Par la suite, la manière même de traiter le mémoire sera elle aussi bien personnelle (comme nous l'avons dit, deux mémoires traitant d'un même sujet seront bien évidemment rédigés différemment).

Cependant, l'objectivité a tout de même sa place dans le mémoire. Si l'on admet qu'un mémoire laisse la place à une certaine subjectivité – voire à une subjectivité certaine –, il est néanmoins important de noter que l'étudiant doit se conformer à une démarche très codifiée qui prend tout son sens dans la mesure où c'est elle qui lui permettra de rester objectif dans son travail. Ainsi, lors de la rédaction de la première partie, l'étudiant devra, après lecture de tous les documents utiles sur le sujet, montrer comment les auteurs de référence articulent leur pensée, et ce de manière objective, tout comme il devra formuler des pistes d'amélioration possible pour l'entreprise de la manière la plus objective qui soit à partir des lectures effectuées.

À quelles sources faire appel ?

Cette question classique des étudiants, ce besoin de savoir à quelles sources ils doivent faire appel, est bien entendu légitime.

Précisons à nouveau que le mémoire opérationnel n'est pas un mémoire de recherche : l'étudiant n'est donc pas tenu, en raison du peu de temps dont il dispose généralement, d'appuyer son raisonnement sur des articles de recherche émanant de revues scientifiques. Cependant, il n'est pas totalement exclu qu'il puisse y faire référence.

L'instinct naturel de l'étudiant le conduit aujourd'hui à consulter des sites Internet. Bien évidemment, il est possible d'y trouver des idées de départ qui permettront de « défricher » la thématique, voire même la problématique du sujet choisi. L'étudiant doit également compulser des manuels, des articles parus dans des journaux spécialisés, des rapports ou autres mémoires.

Peut-on mener ses recherches sur Internet ?

Il suffit à l'étudiant de taper sa thématique ou sa problématique pour se trouver en proie à une désillusion, à une demi-satisfaction, ou à une satisfaction sans bornes… qui pourra cependant vite tourner en désillusion.

Se contenter de mener ses recherches sur Internet serait un écueil évident.

> Tout d'abord la désillusion. Celle-ci sera sans doute due au fait que, après avoir fait une requête à partir de la problématique recherchée, rien ne s'affiche. Il est en effet tout à fait possible que le sujet retenu n'ait pas encore été traité (ce qui peut par exemple être le cas si cette problématique est trop précise). Il faut alors que l'étudiant consulte un autre média qu'Internet pour se voir confirmer que, même s'il traite d'un sujet intéressant, il ne sera pas aidé par de quelconques documents pour étayer la résolution de sa problématique. S'il ne trouve toujours aucun document, il doit changer de problématique.

> L'étudiant à demi satisfait aura trouvé des sites traitant de sa thématique… mais pas exactement de sa problématique.

> *Si par exemple on s'intéresse à une problématique du genre : « Un vendeur éthique est-il plus performant qu'un vendeur non éthique ? », il sera possible de trouver des sites sur* vendeur, *sur* performant *ou* performance, *ou encore sur* éthique. *En revanche, des liens mettant en relation les mêmes de la problématique seront introuvables.*

> L'étudiant satisfait aura trouvé de nombreux sites traitant de sa problématique, tout comme de nombreux manuels ou articles. C'est incontestablement une force. Effectivement, l'étudiant est alors assuré de pouvoir réaliser une revue de littérature sans problème – tout du moins apparemment. Mais dans les faits, si la

littérature est très abondante, il lui faut faire un très gros effort de tri, qui le conduira alors souvent à réduire son champ d'observation.

C'est-à-dire que si l'on reprend l'exemple du sujet précédent, et si la littérature est abondante, la problématique : « Un vendeur éthique est-il plus performant qu'un vendeur non éthique ? » pourra se transformer en : « Un vendeur sédentaire éthique est-il plus performant qu'un vendeur sédentaire non éthique ? ».

Où prendre les informations ?

Penser pouvoir être exhaustif sur un sujet donné relève de la crédulité. Cependant, certaines sources doivent systématiquement être consultées.

Il en va ainsi des *dictionnaires* qui permettent de rapidement définir les termes de la problématique. Les *encyclopédies,* générales ou spécialisées, fournissent également un excellent point de départ sur un sujet donné, recensant les idées forces ainsi que les auteurs desquels elles émanent.

Les *bibliothèques* sont évidemment d'un très grand secours pour effectuer une recherche. Bien souvent, elles possèdent un catalogue auquel on accède par Internet et qui permet, en tapant un mot-clé, de délimiter l'ensemble des documents traitant de ce sujet, que ce soit un manuel, un rapport de stage, voire un mémoire de master ou encore une thèse.

Le *catalogue du Système universitaire de documentation* (Sudoc), consultable en ligne, est également un outil intéressant, puisqu'il permet « d'effectuer des recherches bibliographiques sur les collections des bibliothèques universitaires françaises et autres établissements de l'enseignement supérieur, ainsi que sur les collections de périodiques d'environ 2 400 autres centres documentaires. Il permet également de savoir quelles bibliothèques détiennent ces documents ».

Citons également la *base de données Delphe* recensant plus de 200 000 articles de presse économique[1].

Combien de sources doit-on citer ?

Il est évidemment difficile de répondre précisément à cette question. *A priori*, il faut compter environ 30 à 50 références pour un master 1re année, et de 50 à 80 pour un master 2e année. Comme nous l'avons mentionné précédemment, ces références peuvent être de différents types : revues scientifiques (de recherche), à utiliser avec parcimonie dans le cadre du mémoire opérationnel, revues professionnelles, encyclopédies, manuels, sites Internet de référence, c'est-à-dire reconnus (sites gouvernementaux ou émanant d'associations scientifiques ou professionnelles).

Comment construire son introduction[2] ?

Tout comme il est possible de structurer la masse entière du document à construire dès le départ, il est également important – et même indispensable –, de structurer l'introduction du document. Il faut, dans tous les cas, partir de la définition très générale de la thématique, pour ensuite préciser au maximum le sujet qui sera traité ainsi que la manière dont il sera traité (l'annonce du plan).

---

1. http://www.delphes-indexpresse.com
2. Voir le modèle d'introduction proposé dans la troisième partie.

L'introduction doit obligatoirement comporter les éléments clés suivants :

- une accroche : destinée à retenir l'attention du lecteur, elle lui permet d'entrer rapidement au contact du mémoire ;
- l'objet de l'étude : par cet exposé, plutôt général, le lecteur doit comprendre le sujet qu'il a été choisi de traiter ;
- l'intérêt de l'étude : le lecteur doit comprendre l'intérêt à traiter un tel sujet ;
- l'annonce de la problématique, c'est-à-dire des questions précises que l'étudiant se pose dans le mémoire et auxquelles il répondra ;
- l'annonce du plan, qui montre quel type de plan a été choisi par l'étudiant pour répondre au mieux au problème posé.

Comment construire sa conclusion[1] ?

Le principal objectif de la conclusion est de faire le point sur ce qu'était l'idée de départ, et sur ce qui devait être résolu dans le mémoire. Il est important de rappeler ensuite la définition retenue des concepts utilisés, les liens qui ont été mis en évidence lors de l'étude, les apports conceptuels et méthodologiques du travail réalisé, les limites de l'étude effectuée et les voies de recherche qui n'ont pas pu être explorées, mais qu'il serait intéressant d'observer dans le futur. On doit obligatoirement trouver dans une conclusion :

- le rappel de la thématique choisie ;
- le rappel de la problématique observée ;
- l'exposé de la définition des concepts retenus ;
- les liens mis en évidence lors de l'étude ;
- les apports conceptuels et méthodologiques du travail ;

---

1. Voir le modèle de conclusion proposé dans la troisième partie.

– les limites de l'étude ;

– une ouverture vers des voies de recherche futures.

Comment construire une bibliographie[1] ?

La question est souvent posée par les étudiants.

La chose essentielle à retenir est qu'une référence bibliographique doit servir à retrouver l'ouvrage cité le plus rapidement possible : il faut donc absolument indiquer tous les éléments qui permettront cette quête.

Les modalités de présentation d'une bibliographie sont très codifiées, mais les normes peuvent malgré cela différer sensiblement. Cependant, si aucune norme n'est imposée par l'établissement au sein duquel est réalisé le mémoire, nous conseillons de retenir le modèle de bibliographie[2] conçu selon la norme Afnor Z 44-005, *Références bibliographiques. Contenu, forme et structure.*

Quels sont les éléments les plus importants pour obtenir une bonne note ?

Le jury prend en compte aussi bien le fond que la forme du travail qui lui est présenté. Il faut donc soigner les deux aspects, et ne pas privilégier l'un(e) au détriment de l'autre en espérant « bluffer » le jury. Même si cela peut paraître un lieu commun, rappelons qu'une forme bâclée nuira à un travail de grande qualité, et qu'un contenu faible ne pourra être sauvé par une forme particulièrement soignée[3]…

---

1. Voir le modèle de présentation de références bibliographiques proposé dans la troisième partie.
2. Adapté de Sudoc.
3. Voir la grille de notation de mémoire proposée dans la troisième partie.

Chapitre 3

Questions relatives à la soutenance

Quel est l'objectif de la soutenance ?
Qu'apporte-t-elle de plus que le support écrit ?

Il est tout à fait possible pour les enseignants de corriger à l'écrit un mémoire excellent et d'assister à une piètre soutenance – l'inverse est également envisageable. Rédaction de mémoire et soutenance sont donc bien deux parties distinctes d'un tout que l'étudiant doit réussir au mieux pour valider ses années d'études.

Le premier objectif de la soutenance est purement académique et pédagogique. Il s'agit, pour les enseignants de vérifier que l'étudiant s'est investi dans ce travail et qu'il est capable de le restituer sans encombre.

Par ailleurs, la soutenance permet à l'étudiant de mettre en valeur son travail écrit en lui donnant de la vie, en l'animant.

Quelle est la technique pour gérer le stress
lié à cette présentation orale ?

Les étudiants posent cette question en espérant qu'on pourra leur apporter une solution miracle. Or, bien entendu, cette solution miracle et universelle n'existe pas !

Deux cas de figure peuvent se présenter :

- si l'étudiant est de façon générale toujours stressé, émotif et déstabilisé à l'oral, il n'est pas facile de l'aider de manière immédiate ;

▸ si c'est uniquement l'épreuve de la soutenance qui le fait « stresser », des solutions existent. Il doit, pour gérer ce stress, se dire qu'il va avant tout exposer son travail, qu'il est fier de le présenter et de faire partager son enthousiasme.

Comment se préparer de manière efficace à la soutenance ?

Être bien préparé implique d'avoir mené une réflexion totale sur tous les aspects de la soutenance :

– maîtrise parfaite du fond à traiter ;
– supports utilisés ;
– préparation de la salle de soutenance ;
– tenue vestimentaire.

Quelle tenue vestimentaire doit-on adopter ?

Cette question, souvent posée par les étudiants, est révélatrice de leur méconnaissance de l'attente du jury quant à ce qu'est une tenue « correcte ».

Bien sûr, les jurés ne vont pas s'arrêter à la tenue vestimentaire d'un candidat, mais elle peut tout de même sensiblement influencer leur jugement. Alors que prescrire ? Le jury est en droit d'attendre que l'étudiant se vête d'une manière adaptée à la situation. Même si l'habit ne fait pas le moine, il est évident que l'étudiant doit jouer le jeu et apparaître au jury tel que le jury voudrait qu'il soit – quitte à se changer immédiatement après la soutenance !

Si l'on part de ce postulat, plusieurs critères objectifs sont alors à retenir :

- la première règle est d'éviter l'ostentatoire. Ainsi, l'étudiant devra proscrire toute coupe de cheveux excentrique, les vêtements trop voyants (une chemise à fleurs, par exemple...) ou encore des bijoux clinquants (penser à retirer les grosses bagues, voire les piercings apparents) ;
- l'étudiant doit rester lui-même. Les garçons ne doivent pas s'engoncer dans un costume dans lequel ils ne se sentiraient pas à l'aise, mais au contraire chercher à avoir plus d'assurance dans une chemise et un pantalon de toile classique. Les filles ne sont pas obligées de porter un tailleur, et peuvent préférer une autre tenue très correcte dans laquelle elles seront davantage « elles-mêmes ».

> Respectez les règles de base en matière de tenue vestimentaire. Au-delà de ces règles, tout peut être admis.

Comment se déroule une soutenance ?

L'étudiant est tout d'abord invité à pénétrer dans la salle de soutenance. En fonction de son caractère (plus ou moins stressé, plus ou moins méticuleux, etc.), il aura normalement repéré les lieux ainsi que le matériel mis à sa disposition : y a-t-il un ordinateur portable fourni à tous les étudiants (si ce sont des soutenances continues) ou doivent-ils venir avec leur propre matériel ? Comment s'opèrent son fonctionnement et la vidéoprojection (télécommande, câbles, rallonges, etc.) ? Y a-t-il un tableau, des marqueurs, un paperboard ?

Dès son introduction dans la salle, l'étudiant peut (et doit) s'approprier l'ensemble du territoire. Il ne doit pas hésiter à déplacer le matériel qui lui est proposé, s'il juge qu'il n'est pas parfaitement placé pour lui permettre de réaliser une bonne soutenance (mettre l'ordinateur portable à droite plutôt qu'à gauche par exemple). Le jury, loin d'en vouloir au candidat, jugera que ce dernier se comporte comme un professionnel et lui en saura gré.

Dès qu'il est prêt, l'étudiant doit regarder le jury et attendre d'être invité à s'exprimer. Il pourra alors démarrer sa présentation, qui devra, comme nous l'avons mentionné, prendre appui sur un diaporama et être en conséquence parfaitement minutée.

La présentation du travail du mémoire est dans la plupart des cas d'une durée de 20 minutes. L'étudiant devra donc scrupuleusement respecter ce timing.

Ensuite, il doit répondre aux questions du jury, qui lui donnera congé lorsqu'il jugera que l'étudiant aura répondu à toutes les interrogations qu'il désirait lever.

Pourquoi faut-il utiliser des supports ?

Les supports sont un élément majeur d'une soutenance réussie. Ils sont là pour enrichir et illustrer le propos, mais aussi pour donner un cadre à la présentation.

Rappelons la définition donnée par le dictionnaire *le Petit Larousse* : un support est un appui, un soutien.

Et si certains étudiants sont effectivement capables de faire une soutenance sans support précis, c'est une option que nous ne pouvons conseiller…

Il nous a été donné de voir arriver certains étudiants avec leur rapport sous le bras, s'asseoir au bureau et raconter ce qu'ils avaient inscrit dans leur mémoire. Nous en avons également vu d'autres expliquer, à l'aide de marqueurs et sur un tableau blanc, ce qu'ils voulaient démontrer.

Quel type de supports utiliser ?

Aujourd'hui, l'utilisation d'un logiciel de présentation tel que PowerPoint est quasiment indispensable et est devenu monnaie courante lors des soutenances. Un étudiant faisant sa présentation avec des transparents paraîtrait donc aujourd'hui plutôt « dépassé ».

La qualité des supports présentés entrant en ligne de compte dans la note de soutenance, il faut apporter le plus grand soin à leur préparation.

Un logiciel de présentation assisté par ordinateur, s'il n'est pas bien utilisé, peut aussi se révéler être un piège qui peut vous desservir considérablement.

Que faut-il mettre dans un PowerPoint ?

Parlons tout d'abord de la forme de la présentation. La première question qui se pose est celle du nombre de diapositives à utiliser. Les étudiants ont tendance à considérer qu'il faut au minimum 30 diapositives. Selon nous, 12 diapositives suffisent mais elles doivent être rigoureusement construites[1].

Tout d'abord, il convient de *numéroter chaque diapositive* en mentionnant 1/12, 2/12 et ainsi de suite jusqu'à la dernière diapositive. De cette manière, dès que le candidat affiche sa présentation, le jury sait qu'il aura 12 diapositives à visionner, ce qui est un point de repère intéressant.

Une autre technique utile consiste également à *insérer un mini-plan* à gauche de la diapositive. Ce plan déroulant (dont la partie traitée sera surlignée en couleur) permettra là encore au jury de parfaitement se repérer dans la présentation.

En ce qui concerne le fond, la première diapositive doit indiquer clairement le titre du mémoire, la diapositive suivante présente

----

1. Voir les modèles de diapositives proposés dans la troisième partie.

l'introduction, d'autres diapositives traitent du développement et une diapositive est consacrée à la conclusion.

La dernière diapositive doit comporter un texte qui pourra être du style « merci de votre attention », indiquant ainsi clairement aux membres du jury que la présentation est finie et que l'étudiant attend les questions du jury. Une autre astuce consiste à rajouter après cette diapositive la diapositive comportant le titre du mémoire, ce qui permet au jury de parfaitement resituer le sujet.

Quelle doit-être la quantité de texte figurant sur chaque diapositive ?

Bien souvent, les étudiants apposent une dizaine de lignes de texte, ce qui entache considérablement leur présentation. Une bonne diapositive ne devrait comporter que quatre tirets avec, après eux, un thème général à aborder.

> *Si l'on reprend l'exemple de la diapositive d'introduction, il pourrait être opportun d'insérer 4 tirets qui seraient par exemple respectivement : « le choix du sujet », « l'intérêt du sujet », « la problématique », « la méthodologie ».*

Il est alors convenu que l'étudiant développe chaque thème en parlant quelques minutes à partir de chacun d'eux, ce qui impose une préparation préalable.

Comment bien préparer sa présentation ?

L'étudiant doit construire un diaporama en fonction du temps de présentation dont il dispose. S'il souhaite présenter douze diapositives, il devra calquer la longueur de son discours sur ce nombre de diapositives.

Certains étudiants demandent souvent s'ils ont le droit parler à partir de fiches préparées qu'ils garderaient dans leurs mains. Nous leur conseillons de ne pas le faire, mais plutôt de répéter leur discours au préalable sans toutefois l'apprendre par cœur (un trou de mémoire est toujours possible) mais en sachant que dire à chaque diapositive présentée.

Quelles sont les étapes d'une préparation réussie ?

La préparation du diaporama et de la présentation sont indissociables. Elles comptent les six étapes suivantes :

- création du diaporama ;
- projection du diaporama devant quelques personnes pour en évincer les différentes scories (fautes d'orthographe ou mauvaise disposition des textes sur les diapositives) ;
- une fois le diaporama établi, adaptation d'un discours cohérent ;
- apprentissage du discours et, si c'est nécessaire, adaptation du nombre de diapositives en fonction du temps imparti ;
- soutenance devant quelques personnes, et modifications éventuelles ;
- apprentissage du discours définitif à partir du diaporama.

Faites un tirage papier de votre diaporama pour le (re)travailler plus aisément et vous en imprégner.

Peut-on illustrer une soutenance par des vidéos ?

Il est tout à fait possible, en fonction tout de même des règles internes des institutions considérées, de prendre des exemples de vidéo pour une soutenance. Cela sera bien perçu, à condition bien entendu que ces vidéos apportent réellement du poids aux propos de

N'oubliez jamais que le but de la soutenance est de faire vivre votre travail.

l'étudiant et qu'elles s'insèrent bien dans la thématique retenue. En effet, l'utilisation de « gadgets » ne pourra jamais compenser la faiblesse du travail présenté ou la vacuité du propos.

Comment se préparer aux questions du jury ?

Cette phase de questionnement est souvent redoutée par les étudiants qui considèrent – à juste titre – qu'elle est difficilement prévisible et très délicate à préparer. Cependant, il existe quelques techniques pour se prémunir de mauvaises surprises.

Si l'étudiant se contente de faire une présentation linéaire de son travail et d'attendre ensuite les remarques du jury, il y a fort à parier que ce dernier trouvera des choses à redire et des critiques à formuler.

La solution à ce type de mésaventure est, pour l'étudiant, de mentionner dans sa conclusion les limites de son travail. Ce procédé permet de désamorcer considérablement les critiques que le jury aurait pu formuler. Il est conseillé de trouver six limites au travail réalisé.

> *Ces limites peuvent être, par exemple, une impasse faite (volontairement) sur les articles de recherche existant, la taille trop petite de l'échantillon observé, l'étude d'un secteur particulier qui rend difficile la généralisation des résultats obtenus et ainsi de suite.*

Émettez des réserves sur votre propre travail, vous montrerez que vous avez pris du recul par rapport à votre sujet et à la manière dont vous l'avez traité.

Si cette phase est correctement réalisée, les membres du jury ne chercheront alors plus à reprendre l'étudiant sur les points méthodologiques litigieux du mémoire, mais ils tenteront de mieux comprendre la manière dont l'étudiant a réalisé son travail.

En dehors du fait de garantir une note tout à fait honorable à l'étudiant, c'est pour lui un gage de quiétude dans la mesure où cela permet l'instauration d'un véritable échange avec le jury.

Comment obtenir une bonne note ?

Là encore, la forme et le fond de votre présentation revêtent la même importance aux yeux du jury. Il faut donc soigner la qualité du contact avec le jury, l'élocution, la clarté du propos. Il faut que le sujet soit parfaitement maîtrisé – et que cela se sente –, mais aussi que la soutenance apporte une valeur ajoutée au travail écrit qui a été remis au jury (informations complémentaires, arguments apparaissant dans la discussion).

Partie 2

L'enquête
et l'analyse des résultats

La première partie du mémoire permet de définir les concepts émanant de la problématique, de présenter les différentes pensées des auteurs ayant traité de la problématique retenue et de proposer une ou plusieurs pistes possibles. Ce travail peut être réalisé seul par l'étudiant.

La deuxième partie du mémoire est plus particulièrement consacrée à la vérification de ces pistes sur un terrain d'observation choisi par l'étudiant et à la présentation des résultats. Pour faciliter ce travail, il semble nécessaire de détailler la méthodologie qui devra être suivie lors de cette seconde partie du mémoire.

Les méthodes de recueil de données sont, pour schématiser notre propos, au nombre de deux :
- les études qualitatives, qui se rapportent à la compréhension, à l'explication des phénomènes et à leur expression ;
- les études quantitatives, qui ont trait à la description des phénomènes.

Dans le cadre d'un mémoire opérationnel, ces deux types d'études sont complémentaires, l'étude quantitative intervenant après l'étude de la littérature et l'analyse qualitative.

Chapitre 4

Les méthodes qualitatives de recueil de données

OBJECTIFS ET LIMITES DES MÉTHODES QUALITATIVES

Comme le précisent Évrard et *al* [1], les méthodes qualitatives « partent du principe que le comportement de l'individu est influencé par des facteurs dont il n'a pas conscience et/ou qu'il ne veut pas mentionner directement du fait de mécanismes de défense. »

Le but des études qualitatives est donc de comprendre les besoins des interviewés, mais aussi – voire même surtout –, leurs motivations, leurs attitudes, leurs comportements, leurs freins ou leur langage. L'approche qualitative a donc plusieurs objectifs, propose plusieurs hypothèses et présente bien sûr quelques limites.

Objectifs	Principales hypothèses	Limites méthodologiques
Apprendre un vocabulaire, recenser des caractéristiques d'un produit ou d'une marque. **Explorer** un secteur d'activité inconnu (concurrents, distributeurs, etc.).	**Approche en profondeur :** l'individu ne connaît pas les raisons de ses décisions, le discours est stéréotypé, rationalisé (réponses conventionnelles).	**Généralisation des résultats :** non-représentativité de l'échantillon ; taille d'échantillon réduite (< 20 personnes) ; analyse des résultats (souvent) manuelle. …/…

---

1. Évrard, Y., Pras, B., Roux, E., *Market – Études et recherches en marketing*, Dunod, 2003, p. 99.

Objectifs	Principales hypothèses	Limites méthodologiques
Identifier les grandes dimensions d'un problème. **Formuler** des hypothèses. **Interpréter** le sens d'un discours ou d'un acte. **Comprendre** l'origine des forces qui poussent à l'action (motivations).	**Approche en surface** : rôle des signes marqueurs, du sens latent ; importance du contexte. **Rôle de l'inconscient** : le « non-dit » est important (silence, regard, lapsus, etc.). **Neutralité de l'enquêteur** : non-directivité des questions, soutien par des relances.	**Validité des techniques utilisées** rarement précisée (ou vérifiée) ; interprétation des données variable selon l'analyste.

Adapté de Vernette E., Giannelloni J.-L., *Études de marché*, Vuibert, 2001, p. 69.

TROIS GRANDES CATÉGORIES DE MÉTHODES QUALITATIVES

Les méthodes qualitatives peuvent être classées en trois grandes catégories :

- les entretiens individuels,
- les réunions de groupes,
- les techniques d'observation[1].

Il est raisonnable de penser que l'étudiant s'appuiera surtout sur les deux premières méthodes.

> *Si nous reprenons l'exemple qui consistait à penser que l'éthique pouvait influencer négativement la performance des vendeurs, il est possible de détailler la démarche à effectuer dans le cadre d'entretiens individuels.*

---

1. Jolibert, A., Jourdan, P., *Marketing Research – Méthodes de recherche et d'études en marketing*, Dunod, 2006, p. 2.

Il faut avant tout définir précisément l'objet de l'étude et déterminer également avec soin la population à étudier.

> *Dans le cas présent, l'objet de l'étude est clair. Il s'agira de savoir si l'éthique d'un vendeur affecte sa performance. La population étudiée devant être précisée. Dans le cas présent, nous nous intéresserons aux négociateurs immobiliers.*
>
> *Dès que la population est précisée, on comprend bien que de nombreuses questions surgissent. Quelle est cette population ? Quels sont ses comportements, ses motivations, quel vocabulaire emploie-t-elle pour parler d'éthique et de performance ?*

Mettre en place un questionnement tendant à percevoir toutes ces informations dans le cadre d'une étude qualitative nécessite avant toute chose de choisir une méthodologie précise.

> *Devra-t-on interroger des négociateurs immobiliers sous forme d'entretiens individuels, sous forme d'entretiens de groupe ou encore en pratiquant l'observation ?*

Seule une connaissance précise de ces méthodes et des contraintes engendrées par chacune d'entre elles va permettre à l'enquêteur de choisir une méthode plutôt qu'une autre (voir tableau ci-après).

	Réunion	Entretien	Observation
Interactions	Les interactions entre les répondants sont fortes et recherchées. Elles entraînent des idées nouvelles de la part de chacun.	La stimulation du répondant est uniquement fonction de la capacité de l'enquêteur à mobiliser, relancer et impliquer le sujet. Elle est dépendante du type d'entretien (non-directif ; semi-directif ou directif) choisi.	L'observation cherche précisément à minimiser ou à s'affranchir de tout effet d'interaction.
Pression inter-sujets	La pression du groupe et la stimulation des membres peuvent exacerber la réflexion et la créativité. La pression du groupe et sa dynamique entraînent l'attribution de rôles à chacun, ce qui peut nuire à la sincérité des réponses.	La créativité du répondant et sa réflexion ne sont pas exacerbées par la dynamique du groupe. L'absence de pression du groupe minimise le risque d'endosser un rôle vis-à-vis de l'enquêteur.	Faible, puisque les méthodes d'observation favorisent une collecte d'informations sans approche directe du sujet (approche ethnologique).
Esprit de compétition	Le temps de parole peut être réparti inéquitablement entre les participants. La prise de parole par chacun est limitée.	Aucun esprit de compétition ou de surenchère en dehors des techniques de relance de l'animateur. Plus de temps pour s'exprimer.	Sauf peut-être dans la méthode des protocoles verbaux, le sujet n'est soumis à aucune pression pour se déterminer dans ses choix.
Influence réciproque	L'opinion individuelle peut être « contaminée » par l'opinion dominante du groupe ou de son leader.	Aucune en dehors naturellement de celle de l'enquêteur (pression à la conformité, etc.)	Aucune, car les méthodes d'observation supposent une absence de toute influence sur le comportement de l'observé.

…/…

Sensibilité du sujet	La présence du groupe peut inhiber ou orienter les réponses du répondant en fonction de sa sensibilité au sujet.	Si le sujet présente un caractère éminemment sensible, le répondant peut être plus enclin à se confier dans un climat de confiance.	L'observation est souvent difficile à conduire si le sujet est trop sensible et concerne par exemple la vie privée du répondant.
Fatigue de l'enquêteur	Un enquêteur peut animer plusieurs groupes sans fatigue ou lassitude particulière, à raison d'un groupe par soirée.	Un même enquêteur ne peut conduire qu'un nombre limité d'entretiens sur le même sujet (fatigue et lassitude), sauf à les espacer dans le temps.	L'observation suppose des moyens parfois lourds à mettre en œuvre (vidéo, enregistrement). La procédure est souvent contraignante.
Volume d'informations	Un volume d'informations important peut être obtenu dans un délai court pour un budget restreint.	Un volume d'informations important suppose un délai long et un budget conséquent.	Important, bien que les difficultés d'interprétation puissent limiter leur exploitation.
Stimuli	Un nombre raisonnable de stimuli peut être présenté et testé.	Limité en raison de la fatigue du répondant et du déplacement de l'enquêteur.	Un grand nombre de stimuli peut être testé ; les interactions sont toutefois difficilement quantifiables en dehors du recours à un plan d'expérience.
Planification, délais	Variables en raison des aléas de recrutement et de la difficulté de convoquer certaines cibles (ex. : les professionnels).	La planification après la phase de recrutement est soumise à moins d'aléas. Les délais sont toutefois sensiblement plus longs.	Les délais sont généralement longs, en particulier les phases de collecte des données et de dépouillement.

Source : Jolibert A., Jourdan P. : *Marketing Research*, op. cit., p. 8-9.

LES ENTRETIENS

Dans le cas présent, nous nous proposons ici de détailler davantage la méthode des entretiens, qui est incontestablement la plus utilisée par les étudiants pour réaliser leur mémoire.

Deux types majeurs d'entretiens existent, les entretiens individuels et les entretiens de groupe.

> Les **entretiens individuels** peuvent être :
> - directifs,
> - non directifs,
> - semi-directifs.

L'entretien non directif, en grande partie basé sur une méthode psychanalytique, et l'entretien directif ne permettent pas, selon nous, de parfaitement saisir toutes les données d'un problème. C'est pourquoi nous aborderons ici plus particulièrement la technique des entretiens semi-directifs, très utilisée en sciences de gestion.

> Pour ce qui est des **entretiens de groupe**, plusieurs méthodes coexistent. On peut avoir recours à la méthode du focus groupe, du groupe de discussion, du groupe nominal, à la méthode Delphi, ou encore à la méthode des cercles d'influence.

Pour des raisons de simplicité, nous présenterons ici la méthode du focus groupe, qui est la plus appropriée pour des étudiants souhaitant mener une étude basée sur les entretiens de groupe.

Les entretiens individuels

L'entretien semi-directif

Revenons maintenant sur la technique même de l'entretien semi-directif.

À travers lui, il s'agit de faire parler individuellement plusieurs membres de la population retenue. Leur nombre peut varier entre 8 et 30, et les entretiens durent de 30 minutes à 1 heure. Le postulat de base est qu'il faut arrêter les entretiens lorsque l'on apprend peu d'informations nouvelles.

Pour mener à bien ce type d'entretien, il faut au préalable préparer un guide d'entretien, nécessaire pour être sûr d'aborder tous les thèmes qui intéressent l'interviewer. Il se présente le plus souvent dans la pratique sous la forme d'une feuille A4 et permet à l'enquêteur d'avoir entre les mains un outil qui lui permet de ne pas oublier d'aborder les différents thèmes qu'il a prévu de traiter et de recueillir l'information au gré des réflexions qu'inspirent les thèmes à l'interviewé.

Ne commettez pas l'erreur de poser des questions précises et fermées (ou en tout cas pas assez ouvertes)[1].

Si l'étudiant est amené à interroger des vendeurs pour comprendre comment ils déterminent leur performance, le guide d'entretien pourra être construit de la manière suivante :

— *Faites-moi le récit de votre meilleure vente.*

— *Parlez-moi de ce qui différenciait cette vente des autres.*

— *Décrivez-moi ce que vous aviez réussi à faire.*

— *Racontez-moi comment se sont passées les autres ventes lors desquelles vous avez été content de vous.*

---

1. Nous y reviendrons plus précisément dans la partie consacrée aux études quantitatives.

Déroulement de l'entretien semi-directif

Il comporte quatre phases principales :

- **La phase d'introduction.** Au cours de celle-ci, l'interviewer explique à l'interviewé le but de sa démarche, d'une façon qui doit tout de même rester assez générale. Il peut aussi suggérer que l'entretien soit enregistré, ce qui permettra par la suite de décortiquer ce dernier par une analyse de contenu manuelle ou assistée par un logiciel informatique.

  Pour savoir comment l'enquêté définit l'éthique et la performance des forces de vente, l'interviewer aura tout intérêt à dire qu'il réalise une étude sur le comportement des vendeurs.

- **La phase de début d'entretien** comporte une série d'interrogations qui permettent à l'interviewé de se libérer de tout frein.

  Il est possible par exemple de lui demander de s'exprimer librement sur son métier.

- **Le corps de l'entretien** permet à l'interviewer d'aborder les thèmes qui l'intéressent en se servant de son guide d'entretien. Il ne s'agit pas ici d'aborder ces différents sujets dans un ordre précis, mais, au contraire, de laisser libre cours au discours du répondant. Le rôle de l'interviewer est alors d'amener l'interviewé à approfondir son propos lorsqu'il aborde des thèmes qui figurent dans son guide d'entretien.

  Ainsi, on peut demander : « Pouvez-vous me parler d'une vente au cours de laquelle vous avez été particulièrement performant ? »

  Le répondant, en donnant sa propre définition de la performance, abordera sans doute des thèmes proposés dans ce guide d'entretien.

▸ **La conclusion** permet de s'assurer que l'intégralité du sujet a été traitée. Elle a également pour but de ramener à la réalité l'interviewé. En effet ce dernier, qui vient de se confier pendant une à deux heures, de parler longuement de sa vision du monde, doit quitter le terrain de ce qu'il *pense être vrai* pour revenir à ce qui *est.*

> *Ces quelques phrases de fin d'entretien peuvent être : « Je vous remercie des informations que vous m'avez apportées. Notre entretien est désormais terminé. Alors, comment allez-vous organiser votre journée aujourd'hui ? »*

L'analyse de contenu

Une fois menés, ces entretiens vont devoir être analysés, ce qui peut se faire de façon manuelle, ou avec un logiciel d'analyse de contenu.

> L'analyse assistée par un logiciel confirme le plus souvent l'analyse manuelle réalisée précédemment.

Les entretiens doivent la plupart du temps être retranscrits. Pour cela, on pourra s'aider de logiciels de reconnaissance vocale qui permettent de gagner un temps précieux lors de la retranscription, l'entretien enregistré s'inscrivant alors automatiquement dans un logiciel de traitement de texte. Une fois le corpus obtenu, l'étudiant pourra alors l'analyser.

On distingue trois types d'analyse :

- l'analyse syntaxique[1] s'intéresse à la structure même du discours,
- l'analyse lexicale observe la nature et la richesse du vocabulaire,
- l'analyse thématique permet une analyse par thème. Cette forme d'analyse est sans doute prépondérante dans le travail lié à la réalisation d'un mémoire opérationnel.

---

1. Vernette, E., Gianelloni, J.-L., *Études de marché*, Vuibert, 2001, p. 98.

L'analyse thématique de son corpus permet à l'étudiant de construire une grille par thème et sous-thèmes, qui lui permettra d'analyser le ressenti de chaque interviewé et d'en extraire une synthèse utile pour la compréhension du discours.

Elle pourra prendre cette forme :

Thèmes	Entretien 1	Entretien 2	Entretien 3	Entretien 4
La performance	Les résultats La compétence	Les résultats L'activité	L'activité Les résultats	La compétence Les résultats
L'éthique	Acte individuel Ne rapporte pas	La morale de chacun	Vendre bien Ça peut rapporter	Être honnête

À partir de cette grille et surtout du corpus retranscrit, l'étudiant va tout d'abord comprendre au mieux le langage des interviewés. Cela lui permettra, lorsqu'il abordera la phase quantitative, d'utiliser un vocabulaire adapté aux personnes interrogées par voie de questionnaire.

L'analyse de la grille amène par ailleurs des renseignements précieux sur la conception même que les interviewés se font des concepts et des croyances des thèmes abordés par l'interviewer.

Les entretiens de groupe

En marge des entretiens individuels, peuvent également se pratiquer des entretiens dits « de groupe ». Comme nous l'avons précisé, nous avons délibérément choisi de traiter une catégorie particulière d'entretiens, les focus groupes, très utilisés en marketing.

À l'inverse de l'entretien semi-directif, ce type d'entretien réunit un groupe de personnes pour les faire parler sur des thèmes choisis.

L'avantage non négligeable d'une telle méthode est bien évidemment que la somme des résultats d'entretiens semi-directifs, menés sur 10 personnes par exemple, ne sera absolument pas la même que celle mené auprès de ces mêmes 10 personnes si elles s'expriment en groupe.

Du groupe et du phénomène de groupe vont rejaillir des synergies, voire des blocages – auxquels l'animateur devra rester attentif –, qui permettront de tirer de ce type de méthode d'autres informations.

Le déroulement de la méthode du focus group est particulier. Un groupe de 6 à 10 personnes est réuni, et tout le déroulement de l'entretien repose ensuite sur l'animateur. Grâce à un guide d'entretien, il aborde les différents thèmes souhaités, exactement comme lors du déroulement d'un entretien semi-directif. En revanche, il doit veiller à ce que chaque membre du groupe s'exprime de manière équitable. Ce n'est qu'à ce prix-là que l'entretien de groupe sera réussi.

L'analyse de contenu

L'analyse du contenu diffère peu de celle des entretiens semi-directifs. Là encore une grille d'analyse doit être établie pour permettre à l'analyste de comprendre au mieux les ressorts des décisions des individus observés.

Chapitre 5

Les méthodes quantitatives de recueil des données

Le but des études quantitatives est de décrire les comportements et de répondre à des questions telles que : « Qui ? Où ? Combien ? À quelle occasion ? »

Dans le cadre d'un mémoire opérationnel, il s'agit aussi de vérifier si les pistes retenues lors de l'étude de la revue de littérature se vérifient ou s'infirment lorsqu'elles sont confrontées au « terrain » étudié.

CHOIX DE LA MÉTHODE D'ÉCHANTILLONNAGE

La première des tâches à accomplir est de choisir la méthode d'échantillonnage la plus appropriée. Il s'agit de trouver la méthode optimum pour, à partir d'une population mère, réussir à obtenir un véritable reflet de la réalité en interrogeant quelques éléments de cette population.

Rappel sur les méthodes d'échantillonnages

Il est important de se souvenir qu'elles peuvent soit faire appel au hasard, soit être construites de toutes pièces par la réflexion humaine.

Les méthodes d'échantillonnage sont au nombre de deux :

▶ La première méthode, dite **aléatoire** se décompose en quatre méthodes de sondage :

- le sondage aléatoire simple (c'est la méthode que nous détaillerons plus loin),
- le sondage systémique,
- le sondage stratifié,
- le sondage par grappes.

▶ Les méthodes dites **empiriques**, parmi lesquelles, on peut distinguer :
- l'échantillon de convenance,
- l'échantillon de jugement,
- l'échantillon dit « boule de neige »,
- la méthode des quotas, assez souvent usitée.

Au cours de l'étude quantitative, l'étudiant aura le plus souvent recours à la *sélection d'un échantillon aléatoire simple* et à la *méthode des quotas*. C'est pourquoi nous détaillerons ici ces deux méthodes ainsi que leur mise en œuvre.

Le sondage aléatoire simple

Les sondages aléatoires ne peuvent se concevoir que lorsque l'étudiant a en sa possession la liste exhaustive de la population mère. Le sondage s'opère à partir de celle-ci, en ayant soin que chaque élément de la liste ait la même probabilité de figurer dans l'échantillon.

La taille de l'échantillon dépendra des trois facteurs suivants :[1]

▶ la **précision** désirée (la taille requise augmente avec le carré de la précision voulue) ;

▶ **l'homogénéité de la population** (pour sonder une population parfaitement homogène, il suffit d'interroger une seule personne) ;

---

1. Adapté de Helfer, J.-P., Orsoni, J., *Marketing*, Vuibert, 8e édition, septembre 2003.

▸ la **sécurité** dans la représentativité de l'échantillon (la sécurité augmente avec la taille de l'échantillon).[1]

Des abaques permettent de calculer la taille d'un échantillon à partir d'une précision souhaitée ou, au contraire, de définir un intervalle de confiance des résultats en fonction d'une taille donnée d'échantillon.[1]

Pour une sécurité de 95 % (toujours retenue en marketing), la formule de calcul est la suivante :

$$n \geq \frac{4pq}{\varepsilon^2} \quad \text{ou} \quad \varepsilon = \pm 2\sqrt{\frac{pq}{n}}$$

n = taille de l'échantillon
p = proportion observée dans l'échantillon
q = 1- p
ε = erreur acceptée (intervalle de confiance)

Pour réaliser un sondage au hasard, il faut disposer de la liste exhaustive de la population de laquelle on compte tirer l'échantillon. Une fois cette liste obtenue, il va falloir opérer le tirage systématique des éléments de la population mère.

Pour réaliser un tirage tout à fait au hasard, il est possible de s'aider d'une table de nombres au hasard. Établies par des statisticiens, ces tables permettent, en partant de n'importe quel point de la table choisi aléatoirement et en progressant régulièrement dans la table selon une manière définie au préalable et immuable, d'obtenir le

---

1. Voir la table de calcul proposée dans la troisième partie.

numéro des personnes à interroger. Normalement, les numéros prélevés représenteront alors l'échantillon représentatif de la population mère.[1]

Le sondage par quotas

Méthode non probabiliste par excellence, le sondage par quotas est employé lorsque l'enquêteur ne dispose pas de liste exhaustive de personnes à interroger, à l'inverse des méthodes probabilistes. Il va alors reproduire les caractéristiques de la population de base en partant du postulat que si l'échantillon est représentatif de la structure de la population mère, il sera alors représentatif des caractéristiques sur lesquelles portera l'enquête.

Vous trouverez sur le site de l'Insee (http://www.insee.fr/fr/home/home_page.asp) la structure de la population française.

À partir de la structure de la population de départ, l'étudiant choisit de retenir un ou plusieurs critères (âge, catégorie socioprofessionnelle, sexe, etc.).

Si les cadres ou les professions intellectuelles supérieures représentent 7,8 % de la population, et que l'enquêteur doit interroger 300 personnes, il devra obligatoirement interroger 300 x 7,8 % = 23 personnes faisant partie de la catégorie « cadres ou professions intellectuelles supérieures ».

Une fois ses quotas définis, l'enquêteur doit impérativement les respecter ; ce qui signifie qu'il doit trouver les individus correspondant aux quotas prédéfinis. C'est pourquoi, bien qu'il faille retenir

---

1. Vous trouverez dans la troisième partie une table de nombres au hasard et un exemple d'utilisation de cette dernière.

évidemment plusieurs critères, il n'en faut tout de même pas trop (deux ou trois suffisent), car autrement la tâche de l'enquêteur sera rendue trop ardue.

La conception du questionnaire

Le recours à un logiciel

Construire un questionnaire n'est pas aussi simple qu'on le croit. Un bon questionnaire, destiné à être administré en face-à-face, pourra se reconnaître à un certain nombre de points précis.

- **Il doit être construit à partir d'un logiciel de création d'enquêtes.** Il n'est en effet pas rare aujourd'hui de voir des étudiants présentant une page de traitement de texte en guise de questionnaire. Ce type de document est à bannir pour plusieurs raisons. Tout d'abord, les logiciels de création d'enquêtes permettent aujourd'hui de générer des formulaires d'une forme tout à fait agréable qui rend la lecture même du questionnaire très plaisante par les sondés. Ensuite, ce type de logiciel est couplé à un logiciel de saisie et de dépouillement d'enquête, qui facilite la saisie et l'analyse.

- **Il ne doit pas être trop long,** ce qui entraînerait un biais évident car le sondé répondrait n'importe comment et n'importe quoi pour en finir au plus vite avec le questionnaire.

- **Il doit employer les mots, le vocabulaire** même des personnes à interroger. C'est pourquoi il faudra accorder beaucoup d'importance à la phase qualitative menée précédemment.

Le questionnaire

L'étudiant va devoir au cours de cette phase suivre une démarche bien précise, et non réaliser le questionnaire de manière anarchique. La structure même du questionnaire répond en effet à une structure précise.

Bien que les phases d'approche varient en fonction du type d'enquête (on n'opérera pas de la même manière pour une enquête en face-à-face que lors d'une enquête par courriel), la structure du questionnaire reste la même. Elle se présente sous la forme d'un « entonnoir » tout au long duquel les questions sont posées, allant des plus faciles aux plus difficiles, des plus anodines aux plus dérangeantes.

▸ Il faut tout d'abord **présenter l'enquête** à l'interviewé en lui mentionnant l'objet de l'étude, en restant toutefois assez général pour ne pas biaiser l'enquête.

> *Si le questionnaire porte sur les styles de management appliqués au travail, le titre général pourra être : « La vie en entreprise ».*

▸ Des **questions introductives** ouvertes sont posées à l'interviewé afin de le détendre.

> *« Est-ce ici le quartier dans lequel vous résidez ? »*

▸ Quelques **questions qualifiantes** sont ensuite posées. Elles permettent à l'interviewé de se familiariser avec l'enquête et avec l'enquêteur ; elles servent également à vérifier si l'enquêteur s'adresse bien à la bonne cible.

> *Une question du type : « Comment trouvez-vous l'ambiance de votre entreprise ? » permet à l'enquêté de se livrer et à l'enquêteur de vérifier que le sondé travaille bien au sein d'une firme.*

▸ Ensuite, quelques **questions de mise en route** sont posées. Il s'agit de questions faciles, mais néanmoins riches en information.

> *Il peut s'agir d'une question comme : « De combien de directeurs dépendez-vous ? »*

▸ Les **questions plus spécifiques au sujet d'étude** sont abordées ensuite. Elles apportent l'information réellement recherchée par le sondeur et permettent de mesurer le comportement, l'attitude du sondé.

> *Par exemple, il peut s'agir d'une question comme : « Vous diriez que le style de management de votre directeur est plutôt :*
> *☐ directif*
> *☐ persuasif*
> *☐ délégatif*
> *☐ participatif »*

▸ Viennent ensuite les **questions d'identification** du répondant. Ces dernières apporteront des informations sur son sexe, son âge, bref sur des variables de segmentation. Il est à noter au passage que ce type de question pourra être placée au début du questionnaire, si la méthode des quotas est retenue, pour repérer très précisément les variables signalétiques prédéfinies de l'individu auquel on s'adresse.

> *Voici un exemple de ce type de question : « Quel est votre sexe ?*
> *☐ masculin*
> *☐ féminin »*

▸ Enfin, il s'agira de prendre congé de l'interviewé en le remerciant.

> *Cette prise de congé peut se faire très simplement, avec une phrase du type : « Merci beaucoup d'avoir répondu à ce questionnaire. »*

Les différents types de questions

Si les logiciels de traitement d'enquêtes proposent en un clic de choisir un type de question particulier, il n'en reste pas moins qu'une connaissance des différents types de question et de leur utilité reste indispensable à tout enquêteur.

Voici les questions les plus utilisées dans la création de questionnaires :

— les *questions dichotomiques* : le répondant y répond par oui ou par non ;

— les *questions fermées à choix simple* : le répondant devra choisir une seule réponse parmi un choix de réponses données ;

— les *questions fermées à choix multiples* : le répondant aura le choix de plusieurs réponses parmi une liste prédéfinie (il pourra éventuellement classer ses choix) ;

— les *questions échelles* : le répondant sera amené à donner une réponse en situant son opinion sur une échelle ;

— les *questions ouvertes numériques* : le répondant répondra en mentionnant un chiffre (une quantité consommée par exemple) ;

— les *questions ouvertes* : le répondant pourra grâce à elles donner libre cours à sa pensée et répondre ce qu'il désire tout à fait librement.

Name	Description	Example
A. Closed-end Questions		
Dichotomous	A question with two possible answers.	In arranging this trip, did you personally phone American? Yes No
Multiple choice	A question with three or more answers.	With whom are you traveling on this flight? ☐ No one ☐ Children only ☐ Spouse ☐ Business associates/friends/relatives ☐ Spouse and children ☐ An organized tour group
Likert scale	A statement with which the respondent shows the amount of agreement/disagreement.	Small airlines generally give better service than large ones. Strongly disagree 1___ Disagree 2___ Neither agree nor disagree 3___ Agree 4___ Strongly agree 5___
Semantic differential	A scale connecting two bipolar words. The respondent selects the point that represents his or her opinion.	American Airlines Large ----------Small Experienced ----------Inexperienced Modern ----------Old-fashioned
Importance scale	A scale that rates the importance of some attribute.	Airline food service to me is Extremely important 1___ Very important 2___ Somewhat important 3___ Not very important 4___ Not at all important 5___
Rating scale	A scale that rates some attribute from "poor" to "excellent."	American food service is Excellent 1___ Very Good 2___ Good 3___ Fair 4___ Poor 5___
Intention-to-buy scale	A scale that describes the respondent's intention to buy.	If an in-flight telephone were available on a long flight, I would Definitely buy 1___ Probably buy 2___ Not sure 3___ Probably not buy 4___ Definitely not buy 5___
B. Open-end Questions		
Completely unstructured	A question that respondents can answer in an almost unlimited number of ways.	What is your opinion of American Airlines?
Word association	Words are presented, one at a time, and respondents mention the first word that comes to mind.	What is the first word that comes to your mind when you hear the following? Airline _______ American _______ Travel _______
Sentence completion	An incomplete sentence is presented and respondents complete the sentence.	When I choose an airline, the most important consideration in my decision is _______.
Story completion	An incomplete story is presented, and respondents are asked to complete it.	"I flew American a few days ago. I noticed that the exterior and interior of the plane had very bright colors. This aroused in me the following thoughts and feelings. . . ." Now complete the story.
Picture	A picture of two characters is presented, with one making a statement. Respondents are asked to identify with the other and fill in the empty balloon.	
Thematic Apperception Test (TAT)	A picture is presented and respondents are asked to make up a story about what they think is happening or may happen in the picture.	

Adapté de Kotler, P., Keller, K.L., *Marketing Management*, Pearson, 2006.

Les réponses au questionnaire : de la saisie à la présentation des résultats

La saisie

Avec l'aide des logiciels de traitement d'enquêtes, la saisie des réponses au questionnaire ne pose plus réellement de problème. Si certains étudiants m'ont confié récemment qu'il leur avait fallu un temps incalculable pour saisir une centaine de questionnaires comportant chacun trente questions, il est aujourd'hui possible de réaliser l'ensemble de ce travail en 1 heure 30.

Avant la saisie, l'opérateur doit toutefois prendre quelques précautions :

▶ repérer et écarter les questionnaires mal remplis pour ne pas entraîner de biais en analysant des questionnaires non valides ;

▶ numéroter les questionnaires. Les logiciels attribuant un numéro à chaque observation (chaque questionnaire saisi), il sera alors plus facile de s'y retrouver par la suite dès lors que l'on voudra réexaminer une observation précise.

L'analyse

L'analyse des questionnaires est un domaine très vaste et qui peut être très poussé. Nous avons volontairement choisi de fournir ici des indications ou des rappels de base à l'étudiant, qui pourra bien évidemment approfondir ses investigations s'il le souhaite[1].

Trois grands types d'analyses vont prédominer :

– les tris à plat,

– les tris croisés,

____

1. Voir bibliographie.

– les analyses statistiques avancées (régressions multiples ou encore analyses factorielles).

Pour des raisons de praticité et du thème de notre ouvrage, nous développerons uniquement les deux premiers types d'analyses.

▸ Le premier type d'analyse porte sur les **tris dits « à plat »**. Le tri à plat correspond à un tableau de fréquence, qui consiste à connaître la distribution, en nombre et en proportion, des individus entre les différentes modalités d'une question à réponse unique ou multiple[1]. En d'autres termes, chaque question posée dans le questionnaire sera dépouillée individuellement et l'étudiant observera les résultats obtenus question par question.

▸ Une autre analyse porte ensuite sur les **tris dits « croisés »**. Si, statistiquement, les tris à plats peuvent être considérés comme des tableaux de fréquences, les tris croisés pourront eux être assimilés à des tableaux de contingences qui permettront de tester l'existence d'une relation statistique plus ou moins importante entre deux variables et mise en évidence par le test du Khi-deux[2]. En pratique, l'étudiant peut soit effectuer les tris croisés qui lui semblent opportuns, soit lancer des quantités de tableaux croisés et ne retenir que les tris croisés qui lui semblent les plus judicieux.

La présentation des résultats

Bien souvent, les étudiants ont tendance à multiplier les tris à plat et les tris croisés qu'ils insèrent dans le corps même du mémoire. C'est

---

1. Adapté de http://socio.ens-lsh.fr/ressources/modalisa02.php
2. Ce test permet, en partant d'une hypothèse et d'un risque supposé au départ, de rejeter l'hypothèse si la distance entre deux ensembles d'informations est jugée excessive. Il est particulièrement utilisé comme test d'adéquation et comme test d'homogénéité.

très lassant pour le correcteur qui, s'il s'aperçoit que chaque question a bien été traitée, observe aussi à quel point il est rébarbatif de lire de manière très linéaire ce qu'il ressort du traitement de ces mêmes questions.

Il est en effet possible de suivre un schéma particulier de présentation. L'étudiant peut alors :

- présenter uniquement les réponses les plus « frappantes » obtenues, par exemple celles qui mettent en évidence des écarts importants ;

- insérer ensuite les réponses auxquelles il ne s'attendait pas, de par sa lecture préalable de la littérature (effectuée au cours de la partie théorique) ;

- proposer enfin des tris croisés choisis pour leur pertinence et l'information qu'ils apportent.

Partie 3

Boîte à outils

MÉTHODOLOGIE 1 : LES ÉTAPES DU TRAVAIL DE RECHERCHE

- ☐ Définition de la thématique
- ☐ Recension de la littérature existant sur le sujet
- ☐ Définition de la problématique
- ☐ Mise en perspective de pistes de solutions
- ☐ Étude qualitative (entretiens individuels ou entretien de groupe)
- ☐ Étude quantitative (questionnaire) :
    - ☐ choix de la méthode d'échantillonnage
    - ☐ sélection de l'échantillon
    - ☐ construction du questionnaire
    - ☐ sondage
    - ☐ analyse
    - ☐ résultats

MÉTHODOLOGIE 2 : LES ÉTAPES DE LA RÉALISATION DU MÉMOIRE OPÉRATIONNEL

La réalisation d'un mémoire opérationnel implique de respecter ces onze étapes fondamentales[1] :

☐ Premier projet de plan

☐ Collecte et traitement des informations[2]

☐ Second projet de plan

☐ Rédaction et saisie des textes

☐ Préparation des documents annexes et des illustrations

☐ Relecture

☐ Présentation au maître de mémoire

☐ Reproduction

☐ Remise de l'ouvrage

☐ Soutenance du mémoire, s'il y a lieu

☐ Exploitation

---

1. Définies par Le Bras F., dans *Les Règles d'or pour rédiger un rapport, un mémoire, une thèse*, Éditions Marabout, 1993.
2. Voir « Méthodologie 1: les étapes du travail de recherche », page précédente.

MÉTHODOLOGIE 3 : GRILLE DE NOTATION DU MÉMOIRE

Titre du mémoire :

Nom de l'étudiant :

ÉLÉMENTS DE FORME	Insuffisant	Médiocre	Passable	Assez Bien	Bien	Très Bien
Présentation, orthographe, grammaire						
Clarté et concision						
Respect des normes de présentation						
Professionnalisme de la communication avec le tuteur						
	8	10	12	14	16	20

APPRÉCIATION GLOBALE : Note /20

ÉLÉMENTS DE FOND	Insuffisant	Médiocre	Passable	Assez Bien	Bien	Très Bien
Qualité de la partie théorique						
Qualité de la problématique						
Pertinence des pistes de recherche						
Rigueur de la méthodologie						
Pertinence de l'analyse des résultats						
Esprit critique						
Qualité du plan, organisation des idées						
	8	10	12	14	16	20

APPRÉCIATION GLOBALE : Note /20

Tuteur du mémoire : Note globale

Co-évaluateur :

Source : *Guide de l'étudiant, mémoire de master 2005-2007*, Sup de Co Reims.

MÉTHODOLOGIE 4 :
GRILLE DE NOTATION DE LA SOUTENANCE

Titre du mémoire :						
Nom de l'étudiant :						
ÉLÉMENTS DE FORME	Insuffisant	Médiocre	Passable	Assez Bien	Bien	Très Bien
Présentation, vocabulaire et syntaxe						
Clarté et concision						
Respect du temps de présentation						
Qualité de contact avec le jury						
	8	10	12	14	16	20
APPRÉCIATION GLOBALE :	Note /20					
ÉLÉMENTS DE FOND	Insuffisant	Médiocre	Passable	Assez Bien	Bien	Très Bien
Développement identique à celui du mémoire						
Qualité des informations complémentaires						
Qualité des outils de présentation (diapositives,…)						
Qualité du plan, organisation des idées						
Capacité à argumenter						
	8	10	12	14	16	20
APPRÉCIATION GLOBALE :	Note /20					
Tuteur du mémoire :	Note globale					
Co-évaluateur :						

Source : *Guide de l'étudiant, mémoire de master 2005-2007*, Sup de Co Reims.

MODÈLE 1 : PLAN

Thématique : performance des forces de vente

Problématique : l'éthique influe-t-elle sur la performance des forces de vente ?

Introduction

Partie 1 – Éthique et éthique des vendeurs :
définition des concepts et pensée des auteurs

I. Définition des concepts

1-1-a. Éthique, morale et déontologie du vendeur

1-1-b. La performance du vendeur

II. Pensée des auteurs

1-2-a. Les auteurs académiques : éthique et performance, les liens

1-2-b. Les auteurs professionnels : éthique et performance, les liens
→ La ou les pistes retenue(s) : l'éthique à court terme ne mène pas
à la performance mais l'éthique à long terme mène à la performance.

Partie 2 – Éthique, performance et vente, des pistes à vérifier

I. Étude qualitative

2-1-a. Étude qualitative, méthodologie suivie

2-1-b. Résultats obtenus

I. Étude quantitative

2-2-a. Étude qualitative, méthodologie suivie

2-2-b. Résultats obtenus

Conclusion

Bien évidemment, le plan présenté ci-dessus n'est qu'un modèle simple, et l'étudiant devra affiner le plan de son travail avec son maître de mémoire. Cependant, la structure en deux parties (partie théorique et partie pratique) doit être respectée pour que le mémoire puisse conserver son caractère opérationnel.

MODÈLE 2 : INTRODUCTION

Vendeur ou voleur, c'est la même chose ! [*Accroche*] Ce lieu commun est souvent entendu. Cependant, ne pourrait-on concevoir que des négociateurs puissent vendre de manière éthique sans pour autant les rendre moins performants ?

Depuis 1989, l'intérêt des chercheurs pour ces vendeurs, et en particulier pour l'éthique ces derniers dans la vente, se traduit par la multiplication des études traitant directement de ce sujet dans les revues américaines et françaises[1].

Il est vrai que les vendeurs étant séparés physiquement, socialement et psychologiquement de leur entreprise sont normalement plus enclins que les autres acteurs de l'entreprise à développer des comportements non éthiques[2].

---

1. McClaren, N. (2000), "Ethics in Personal Selling and Sales Management : A Review of The Literature Focusing on Empirical Findings and Conceptual Foundations", *Journal of Business Ethics*, vol. 27, p. 285-303.
2. Dubinsky, A.J., Jolson, M.A.,Michaels,R.E. Kotabe M. et Lim C.U. (1992), "Ethical Perceptions of Field Sales Personnel : An Empirical Assessment", *Journal of Personal Selling & Sales Management*, vol. 12, n° 4, p. 9-28.

En outre, comme le précise Lavorata[1], l'analyse des études sur la vente nous permet de constater que depuis l'Antiquité, le vendeur est affligé d'une image déplorable : Mercure, le dieu du commerce chez les Romains était aussi le dieu des voleurs. En 1837, Balzac décrivait un de ses héros, dont le métier était vendeur, comme « un baratineur génial, un personnage inquiétant et pittoresque[2] ».

Cependant, désormais, la vente a changé et les entreprises tendent à vouloir entretenir des relations durables avec leurs clients. Ceci est peut-être dû à l'influence de la politique marketing générale des firmes, qui elle aussi s'est profondément modifiée : l'entreprise est passée d'un marketing uniquement transactionnel – se donnant comme but unique le fait de réaliser des affaires – vers un marketing relationnel[3], qui tend davantage à comprendre le client comme une véritable personne. Il faut alors choyer le chaland afin de réaliser « des affaires ».

C'est pourquoi les études qui s'intéressent aux comportements relationnels entretenus entre les firmes et leurs clients peuvent revêtir toute leur importance.

De plus, si l'on amalgame les notions transactionnelles et relationnelles, des pistes de réflexions intéressantes apparaissent.

---

1. Lavorata, L. (2001), *Problématique de l'éthique dans le management de la force de vente : une synthèse de la littérature, actes de la journée thématique management de la force de vente et négociation*, Montpellier, p. 5.
2. Dans *César Biroteau*.
3. Morgan, R.M., Hunt, S.D. (1994), "The Commitment-Trust Theory of Relationship Marketing", *Journal of Marketing*, n° 58, p. 20-38.
   Dwyer, F.R., Schurr, P.H. et Oh, S. (1987), "Developing Buyer-Seller Relationships", *Journal of Marketing*, n° 51, p. 11-27.

Comment peut-on agir de manière transactionnelle et relationnelle de la manière la plus optimale possible ? Est-il possible d'être éthique et performant ? [*Objet de l'étude*]

L'éthique est alors un élément qui retient notre attention. Il semble qu'un comportement éthique dans un contexte de vente[1] soit un élément intéressant à analyser.

L'augmentation des écrits allant dans ce sens ainsi que les interrogations des professionnels[2] se rapportant à ces questions semblent bien dénoter d'un intérêt particulier à accorder à cette notion.

Mais pourquoi se poser des questions au sujet de l'éthique et de son application dans le milieu de la vente ? Les vendeurs ne pourraient-ils pas être naturellement éthiques ? Qu'est-ce qui pourrait les empêcher d'être éthiques ? L'éthique mène-t-elle à leur performance ?

Le travail proposé a pour objectif de tenter de répondre à ces interrogations qui se posent à la fois aux théoriciens et aux praticiens.

Il aura pour objet de s'intéresser à deux axes principaux : l'éthique d'une part et la performance des forces de vente d'autre part, en tentant d'observer si l'éthique influe positivement ou négativement sur la performance des forces de vente. Plus précisément, il s'agira de définir les concepts d'éthique et de performance, et d'observer s'il existe un lien entre l'éthique et la performance. [*Annonce de la problématique*]

---

1. Un contexte transactionnel.
2. Les DCF (Dirigeants commerciaux de France) ont organisé du 2 au 6 juin 2003 la semaine nationale de la performance commerciale en créant des événements sur le thème « Les entreprises éthiques sont durablement plus performantes que les autres » pour savoir si « l'entreprise éthique est commercialement plus performante que les autres ».

Réaliser une étude sur l'éthique et la performance des vendeurs amène à justifier le choix des variables utilisées, à préciser la problématique, ses objectifs, les intérêts théoriques et managériaux de ce sujet pour permettre de détailler la démarche choisie.

Le choix de l'utilisation et de l'analyse des concepts d'éthique et de performance se justifie par leur utilisation courante dans le domaine de la gestion, du marketing et plus particulièrement dans celui des forces de vente.

En gestion, les analyses s'orientent vers des axes divers. Les Anglo-saxons analysent plus particulièrement l'éthique au sein de l'organisation, l'étude du comportement des individus ou encore l'influence du contexte professionnel sur leur éthique [1].

En France, même s'il existe en sciences de gestion des études générales sur l'éthique qui permettent de mieux comprendre ce concept, il existe peu de travaux concernant l'éthique des forces de vente. Ce domaine est surtout abordé sous forme d'ouvrages généraux, de compte rendu de colloques et plus rarement de thèses.

En règle générale, l'éthique est souvent analysée dans une acception globale du terme et observée comme un phénomène voulu ou non par l'entreprise. Les dirigeants semblent penser qu'en insufflant ou non une volonté d'agir éthique, leurs employés réagiront comme ils le désirent.

Cette pensée s'opère en omettant le fait qu'avant tout, le désir d'agir de manière éthique soit surtout une volonté individuelle de la part

---

1. Collins, D. (2000), "The quest to Improve the Human Condition: The first 1500 Articles Published in Journal of Business Ethics", *Journal of Business Ethics*, n° 26, p1-73.

de l'acteur (même si cette volonté peut être, il est vrai, plus ou moins influencée par l'existence de facteurs organisationnels).

Il est donc primordial dans ce travail de mettre en évidence le caractère individuel de l'acte éthique. Ce sera donc l'individu, immergé au sein de l'organisation, face à un acte particulier, la vente, qui devra être observé.

L'objectif général de ce travail est d'évaluer l'influence de l'éthique sur la performance des forces de vente.

Plusieurs interrogations découlent de cette problématique générale :

- Qu'est-ce que l'éthique ?
- Qu'est-ce que l'éthique du vendeur ?
- L'éthique agit-elle réellement sur la performance du vendeur ?

Ces questionnements permettent d'identifier deux objectifs principaux pour cette étude :

Le premier objectif de l'étude est d'aboutir à une meilleure compréhension de la définition des concepts d'éthique et de performance et plus spécifiquement à la définition du concept d'éthique et de performance des forces de vente. Il s'agira de présenter dans un premier temps la définition même de l'éthique en montrant qu'il s'agit avant tout d'une prise de décision concrète et individuelle.

Le deuxième objectif sera de montrer les relations existant entre l'éthique et la performance des forces de vente.

L'énonciation de la problématique et des objectifs permet de mettre en avant les intérêts théoriques et managériaux de la recherche.

Le principal intérêt théorique réside dans la proposition d'une conceptualisation de l'éthique du vendeur. La recherche s'attachera en effet à détailler la définition de l'éthique et celle de la performance des forces de vente.

Un autre intérêt théorique est l'association des concepts d'éthique et de performance des forces de vente et des liens qui existent entre eux. Peu d'études traitant de ce sujet ont été réalisées.

L'intérêt managérial prépondérant de cette recherche se manifeste par la meilleure compréhension de la définition des concepts d'éthique et de performance, de leurs liens ainsi que des déterminants de l'éthique des vendeurs au sein d'un secteur particulier : celui de l'immobilier.

Ce dernier implique de la part des négociateurs immobiliers des méthodes de vente et de négociation particulières. À notre connaissance, aucune étude traitant de ce sujet n'a jamais été entreprise.

Les résultats de notre étude devraient permettre aux dirigeants de savoir si un comportement éthique du vendeur rend ce dernier plus performant. Ceci devrait aider les managers à accroître encore l'efficacité de leurs firmes. [*Intérêt de l'étude*]

Cette étude se compose de deux parties. [*Annonce du plan*]

La première de ces parties, théorique, a pour objectif de présenter les concepts de la recherche : l'éthique et la performance.

Le premier chapitre est consacré à la définition du concept d'éthique en rapprochant tout d'abord les notions philosophiques traditionnelles de la décision éthique de l'individu. Par la suite, l'individu est observé dans l'organisation face à un acte, l'acte de vente dont l'éthique est précisée.

Le deuxième chapitre expose plus particulièrement les relations entre l'éthique et la performance en montrant la difficulté de compréhension de la relation entre éthique et performance de l'entreprise, pour ensuite observer plus particulièrement les liens existant entre éthique et performance des forces de vente mis en évidence par les auteurs, tant académiques que professionnels.

À l'issue de cette première partie, des pistes d'observations seront mises en évidence.

La deuxième partie, pratique, aura pour objectif principal d'observer si les pistes mises en évidence par la littérature examinée se révèlent être exactes sur le terrain d'observation retenu.

Le premier chapitre présentera l'étude qualitative mise en œuvre ainsi que les résultats obtenus. Le deuxième chapitre aura pour but de mettre en évidence l'étude quantitative réalisée ainsi que les résultats qui en découlent.

MODÈLE 3 : CONCLUSION

Cette étude avait pour ambition d'apporter une contribution à une meilleure compréhension des concepts d'éthique et de performance, tout en évaluant les relations existant entre l'éthique et la performance des vendeurs. [*Rappel de la thématique*]

Ce travail a pu permettre de mettre en avant deux résultats principaux : il précise la notion d'éthique en général et plus particulièrement celle de l'éthique du vendeur ; il permet également d'observer si l'éthique des vendeurs est liée à leur performance.

L'obtention des divers résultats a été permise grâce à la synthèse de la littérature sur le concept d'éthique et sur celui de la performance, ainsi que grâce à une approche empirique (collecte de données qualitatives à l'aide d'entretiens effectués auprès de négociateurs immobiliers et récupération de données quantitatives auprès d'un même public).

Ces résultats permettent de répondre aux interrogations soulevées par la problématique de recherche et à ses questions sous-jacentes : [*Rappel de la problématique*]

- Qu'est-ce que l'éthique du vendeur ?
- Qu'est-ce que la performance d'un vendeur ?
- Existe-t-il un lien entre l'éthique et la performance du vendeur ?

Les réponses obtenues à ces interrogations sont résumées ci-après afin de détailler ensuite les contributions théoriques et managériales de l'étude. Ce travail présente des limites conceptuelles et méthodologiques qu'il conviendra de souligner. Enfin, l'ouverture vers de nouvelles pistes permet d'envisager des prolongements à ce travail.

Des réponses ont pu être apportées aux interrogations soulevées par la problématique de l'étude et à ses questions sous-jacentes.

Qu'est-ce que l'éthique du vendeur ? Comprendre ce qu'est l'éthique du vendeur a nécessité de préciser ce qui pouvait être compris par le terme « éthique ». Il a été nécessaire de préciser la différence qui pouvait être effectuée entre la notion d'éthique, de morale et de déontologie. Grâce à ces distinctions, il a alors été possible de montrer que l'éthique, si elle peut être entendue comme la traduction des actes concrets de l'individu, peut également avoir diverses facettes qu'il est utile de mettre en évidence et de connaître afin de mieux comprendre ce qu'est l'éthique d'un individu particulier (le vendeur) dans une entreprise, par rapport à un acte (l'acte de vente). Il apparaît alors qu'un vendeur éthique serait un vendeur à l'écoute des besoins de son client et qui lui apporterait un service en relation directe et parfaite avec les besoins déterminés et ce sans l'influencer dans un sens qui ne ferait que servir ses propres intérêts ou ceux de son organisation.

Qu'est-ce que la performance d'un vendeur ? Il est nécessaire de préciser qu'il n'est pas possible de considérer la notion de performance des vendeurs sous un seul et unique aspect. Parler d'une telle performance conduit irrémédiablement à montrer que ce concept possède au moins deux facettes qu'il faut distinguer aussi clairement que possible. Il s'agit de la différence d'appréciation qui existe entre la performance à court terme du vendeur et sa performance à long terme. Si cette dernière est au plus haut point intéressante à analyser, il n'en demeure pas moins qu'elle est sans nul doute plus difficile à cerner et demande de ce fait un travail longitudinal récurrent. C'est pourquoi il a été délibérément choisi dans ce travail de ne se consacrer qu'à l'étude de la performance à court terme du vendeur. Un peu moins difficile à saisir, cette performance peut être immédiatement figée et analysée même si cela comporte certaines limites qui seront discutées d'ailleurs plus en avant de ce travail. [*Définition des concepts retenus*]

Analyser la performance à court terme d'un vendeur ne consiste plus désormais à ne prendre en compte que ses seuls résultats quantitatifs. En effet, désormais, « le chiffre » seul n'est pas le seul élément à prendre en compte pour juger de la performance à court terme d'un vendeur. Il faut également y adjoindre des mesures qualitatives. Afin de savoir quelles données prendre en considération, il est nécessaire de se référer à la littérature existant sur le contrôle des forces de vente. Grâce à cette dernière il est possible de retenir trois facteurs qui permettent de définir ce qu'est la performance d'un vendeur. Il s'agit des résultats, de l'activité et de la compétence. Ce sont ces facteurs qui ont été retenus pour juger de la performance à court terme du vendeur. Ils ont d'ailleurs été validés par un groupe d'experts.

Existe-t-il un lien entre l'éthique et la performance du vendeur ? Dans le cadre de ce travail, c'est seulement le lien existant entre l'éthique et la performance à court terme du vendeur qui a été analysé. Si ce choix a été effectué, c'est parce que la littérature avait mis en perspective une différence notoire entre la performance à court terme et la performance à long terme du vendeur. Cette même littérature, bien que pauvre en travaux empiriques, semble démontrer que le vendeur éthique serait effectivement plus performant à long terme (au-delà d'un an). En revanche, une littérature plus riche met en évidence le fait que le vendeur machiavélique, défini selon la littérature comme « un acteur qui réussit sa vente à court terme en ayant le désir et l'habileté à manipuler les personnes ou les clients dans la phase de vente » serait plus performant à court terme.

C'est ce qui a été également montré et vérifié dans ce travail. [*Liens mis en évidence lors de l'étude*]

Ce dernier a en outre permis de dégager des contributions conceptuelles, méthodologiques et managériales de la recherche.

Au niveau théorique, il s'agit d'intégrer les conclusions du travail réalisé dans le champ d'étude qui concerne les forces de vente. Les contributions théoriques portent généralement soit sur les déterminants de l'éthique des vendeurs, soit sur leur performance. Peu de travaux traitent à la fois de l'examen des déterminants de l'éthique du vendeur et de la relation de son éthique à sa performance. Le travail réalisé permet de recenser des apports conceptuels et méthodologiques. Au niveau managérial, les implications opérationnelles de la recherche doivent être précisées.

Les apports conceptuels de la recherche

Le principal apport conceptuel réside dans l'enrichissement du concept d'éthique du vendeur. Ce concept avait déjà été abordé dans la littérature française et anglo-saxonne. Cependant, ces études ne définissaient pas de manière claire l'éthique du vendeur et bien évidemment encore moins celle du vendeur immobilier. Ce premier travail francophone sur les vendeurs immobiliers a permis en outre de faire le parallèle avec un concept déjà existant outre-Atlantique : le machiavélisme. Il apparaît que la définition même du vendeur éthique est à l'opposé de celle du vendeur machiavélique. Au vu de cela, il est possible de proposer une définition du concept d'éthique du vendeur : *le vendeur éthique est celui qui réussit sa vente sans avoir le désir et l'habileté de manipuler les personnes ou les clients.*

De plus, les entretiens individuels menés renforcent cette définition et font apparaître une dimension principale de l'éthique identifiée par les négociateurs immobiliers : l'honnêteté.

Les apports méthodologiques de la recherche

Deux principaux apports méthodologiques sont recensés à l'issue de ce travail : la création de deux outils de mesure (l'un d'éthique, l'autre de performance), et la mise en place de traitements de données spécifiques afin de mettre en relation déterminants de l'éthique et éthique des vendeurs.

Premièrement, deux outils de mesure ont été créés, l'un permettant de mesurer l'éthique des vendeurs et l'autre leur performance. Tous deux ont été élaborés grâce à la littérature et leur validité et leur fiabilité ont été testées grâce à l'outil statistique.

Deuxièmement, la mise en place de traitements statistiques particuliers a également été utilisée.

Les apports managériaux de l'étude

Les implications opérationnelles de l'étude portent sur un point essentiel : la possibilité pour les entreprises commerciales et plus particulièrement pour les agences immobilières de recruter des négociateurs immobiliers plus ou moins éthiques en fonction de leurs désirs stratégiques.

La présente étude établit un lien négatif entre l'éthique des négociateurs immobiliers et leur performance à court terme. Ainsi, un négociateur non éthique sera normalement plus performant à court terme qu'un négociateur éthique.

L'agence immobilière souhaitant obtenir des résultats rapides à court terme aura sans doute intérêt à recruter des négociateurs moins éthiques que la moyenne. [*Apports conceptuels et méthodologiques du mémoire*]

Les limites de l'étude

Deux types de limites sont soulevés par l'étude : des limites conceptuelles et des limites méthodologiques. Les principaux éléments de ces limites vont être développés.

Les limites conceptuelles

Limites liées au concept d'éthique : les concepts d'éthique et de performance sont des concepts particulièrement délicats à manipuler. Il a donc fallu faire des choix et tenter de trouver le meilleur compromis pour mener à bien cette étude.

Le concept d'éthique peut recouvrer plusieurs facettes. Il a été choisi sciemment de le différencier des concepts de morale et de déontologie alors que certains auteurs préfèrent les amalgamer sous l'appellation de « morale ». Il a ensuite fallu définir au mieux le concept d'éthique du vendeur, ce qui à notre connaissance n'avait été effectué que très rarement. La création de l'échelle d'éthique a elle aussi fait l'objet d'un choix particulier entre plusieurs échelles existantes. On a préféré avoir recours à une échelle de mesure française, plus adaptée selon nous au terrain de recherche étudié.

Limites liées au concept de performance : le concept de performance a lui aussi demandé une grande attention lors de sa manipulation. Il a fallu s'attacher à définir ce qui était entendu par la performance du vendeur et bien évidemment retenir des critères pour mesurer ce concept.

Les limites méthodologiques

L'opérationnalisation des construits effectuée dans le cadre de ce travail a été menée conjointement par l'analyse de la littérature et les résultats d'une étude exploratoire. Cependant, la réalisation de cette étude exploratoire a eu lieu dans le contexte particulier de la vente immobilière. Le choix des items des variables est donc lié à ce contexte particulier. De plus, le questionnaire même a été effectué auprès des négociateurs d'une importante mais seule et unique franchise immobilière et cela sur le sol français, ce qui peut entraîner un biais dans la généralisation des résultats obtenus. [*Limites de l'étude*]

Les voies de recherche

Afin de compléter cette étude, plusieurs voies pourraient être tracées. Il faudrait avant tout pouvoir généraliser les résultats obtenus auprès du secteur de l'immobilier. Ceci impliquerait de pouvoir interroger d'autres négociateurs immobiliers d'autres agences immobilières. Les pistes proposées pourraient ainsi être revalidées et les résultats généralisés.

Il serait également intéressant de suivre un panel de négociateurs immobiliers pendant une durée minimum de cinq ans afin de montrer comment se comporte leur éthique lorsqu'elle est confrontée à leur performance à long terme. Ceci enrichirait considérablement les travaux portant à la fois sur l'éthique et sur la performance des vendeurs.

Enfin, il semblerait séduisant de mener des telles études sur un échantillon de négociateurs étrangers afin de montrer les différences culturelles liées à l'éthique et à la performance des vendeurs. [*Ouverture vers des voies de recherche futures*]

En résumé, la compréhension des concepts d'éthique et de performance des vendeurs ouvre de nouvelles pistes d'intérêt dans les domaines conceptuels et méthodologiques. Il ne fait aucun doute que si le concept d'éthique change peu, le concept de performance ainsi que les problèmes méthodologiques qui lui sont liés subiront de profondes modifications en fonction des types de populations examinées. Cela engendrera le passage par une phase qualitative à chaque étude. Mais ceci est le prix à payer pour obtenir une meilleure compréhension de ces concepts dans un secteur particulier, celui de la vente.

MODÈLE 4 : SUPPORT SUR POWERPOINT/INTRODUCTION

INTRODUCTION

Partie I – Définition des concepts
          et pensée des auteurs
I – Définition des concepts
II – Pensée des auteurs

Partie II – Des pistes à vérifier
I – Étude qualitative
II – Étude quantitative

CONCLUSION

INTRODUCTION

– Le choix du sujet

– L'intérêt du sujet

– La problématique

– L'intérêt de l'étude

– La méthodologie suivie

MODÈLE 5 : SUPPORT SUR POWERPOINT/CONCLUSION

INTRODUCTION

Partie I – Définition des concepts
          et pensée des auteurs
I – Définition des concepts
II – Pensée des auteurs

Partie II – Des pistes à vérifier
I – Étude qualitative
II – Étude quantitative

CONCLUSION

CONCLUSION

– Les apports conceptuels de la recherche

– Les apports méthodologiques de la recherche

– Les apports managériaux de la recherche

– Les limites de la recherche

– Les voies de recherches futures

MODÈLE 6 : BIBLIOGRAPHIE

Voici un exemple de bibliographie, issue du monde médical, destinée à illustrer une « structure normée » de présentation.

Ouvrages et imprimés

Articles de périodiques

Ordre des éléments de la citation :

– NOM[1], Prénom[2],

– Titre de l'article,

– *Titre de la revue*[3], année, tome, n° du fasc. (facultatif mais recommandé),

– Pages[4].

WEAVER, William. The Collectors : command performances. *Architectural Digest*, december 1985, vol. 42, n° 12, p. 126-133.

WELCH Elizabeth, ZABALETA Ignacio, FOJACO Rita, *et al.* Aneurysm of the right ventricular outflow tract : a complication of aorta-main pulmonary (central) shunt. *Pediatr. Cardiol.*, 1991, 12, 4, p. 229-232.

---

1. Lorsqu'il y a plus de trois auteurs, on peut se contenter d'indiquer les noms des trois premiers. Lorsqu'un ou plusieurs noms sont omis, on ajoute après le dernier *et al.* (*et alii*) ; norme AFNOR Z 44 005.
2. Le prénom en entier ou l'initiale du prénom, si cela n'entraîne pas de confusion quant à l'identité de la personne.
3. On évitera les titres abrégés ; sinon, on se conformera aux abréviations normalisées. Voir *Liste d'abréviations de mots de titres*, publiée par ISSN International, en 2003.
4. Première et dernière pages précédées ou non de p. ; p. 12 : seulement la page 12 ; p. 112-115 : des pages 112 à 115 ; 312 p. : document de 312 pages.

CHEVALIER Th., MIGNON M.. Motricité de l'estomac et de l'intestin grêle. *Encycl. Méd. Chir.,* Gastro-entérologie, 1, 9000-A20, 1988, 6 p.

Ouvrages, chapitre d'un ouvrage collectif

Ordre des éléments de la citation :

– NOM, Prénom,

– *Titre de l'ouvrage.* n^e édition,

– Ville d'édition : éditeur, année d'édition, nombre de vol., nombre de pages (nom de la collection, n° de la collection).

Ouvrages ayant plusieurs auteurs

JUNGERS Paul, DAUDON Michel, LE DUC Alain. *Lithiase urinaire.* Paris : Flammarion, 1989, 590 p.

LEFEBVRE E., POURCELOT L. *Échographie musculo-tendineuse.* 2e éd. Paris : Masson, 1991, 133 p. (Collection d'imagerie radiologique).

Ouvrage collectif

LEMERLE Jean (éd.). *Cancers de l'enfant.* Paris : Flammarion, 1989, 676 p. (Encyclopédie des cancers, 3).

Citation d'un chapitre d'un ouvrage collectif

OPPENHEIM, D. L'Enfant, son cancer, ses parents, ses soignants. *Cancers de l'enfant,* éd. par Jean LEMERLE. Paris : Flammarion, 1989, p. 218-231. (Encyclopédie des cancers).

Collectivités d'auteurs

ORDRE NATIONAL DES MÉDECINS. *Guide d'exercice professionnel à l'usage des médecins.* 15e éd. Paris : Masson, 1988, 2 vol., 1515 p.

Congrès

Ordre des éléments de la citation :

– INTITULÉ DU CONGRÈS (N° de la session ; année de la session ; lieu du congrès),

– Titre du congrès,

– Ville d'édition : Éditeur, année d'édition, pages.

Congrès paraissant sous forme d'ouvrage

Réunion d'une association

ASSOCIATION MONDIALE DE PSYCHIATRIE ET DE PSYCHOLOGIE LÉGALE. Congrès international (1 : 1988 : Paris). Paris : Expansion scientifique française, 1991, 432 p.

Congrès avec un nom particulier

CONGRÈS FRANCOPHONE DE NEUROGÉRIATRIE ET DE GÉRONTO-PSYCHIATRIE (9 : 1990 : Paris). *Actualités en neurogériatrie…* actes réunis par J. BILLE. Marseille : Solal, 1991, 235 p.

Congrès, séminaires… sans nom particulier

L'ALIMENTATION DES FEMMES ENCEINTES : colloque international, Paris, Maison de la chimie, 28 février 1986, éd. Jean REY, Émile PAPIERNIK. Paris : CIDL, 1986, 181 p.

Congrès paraissant dans une revue

Réunion d'une association

SOCIÉTÉ FRANCAISE D'HÉMATOLOGIE : congrès (11 : 1991 : Lyon), Nouv. Rev. Fr. Hématol, 1991, 33, 2, p. 55-222.

Congrès avec un nom particulier

JOURNÉE DE PATHOLOGIE INFECTIEUSE PÉDIATRIQUE
(8 : 1991 : Paris), *Les diarrhées infectieuses de l'enfant*, Med. Mal.
Infect., 1991, 21, n° spécial octobre, 555-623, hors-série, p. 6-108.

Congrès, séminaires... sans nom particulier

*Antibiothérapie orale des infections respiratoires acquises en ville ; place du
Céfuroxime axetil* : symposium (1991 : Paris), Med. Mal. Infect.,
1991, 21, hors-série, p. 6-108.

Thèses

Ordre des éléments de la citation :

– NOM, Prénom,

– Titre de la thèse. - nombre de pages,

– Th. ou Th. D (s'il s'agit d'une thèse d'exercice) : discipline : ville :
  année ; pages.

GOUDOT, Benoît, *L'Arthroscopie du poignet. Indications diagnostiques
et thérapeutiques. À propos de 65 cas.* Th : Méd. : Nancy I : 1991,
352 p.

NB : pour les brevets, voir *Norme Afnor Z 44-005,* § 7.12.

Documents électroniques

Plusieurs types de documents électroniques peuvent être utilisés :
ouvrages, articles de périodiques, prépublications, thèses, messages
électroniques. Les messages électroniques, personnels ou issus de listes
et de forums de discussions doivent également pouvoir être produits.

Il est essentiel pour signaler des documents électroniques de respecter
la ponctuation, surtout lorsque ces documents ont une adresse électronique (Internet ou e-mail), afin de toujours pouvoir s'y référer.

Pour davantage de précisions, on pourra se reporter à la norme Afnor Z 44-005-2 *Information et documentation. Références bibliographiques. Partie 2 : documents électroniques, documents complets ou parties de documents* (hors prépublications).

Articles de périodiques

Ordre des éléments de la citation :

– NOM[1], Prénom[2],

– Titre de l'article,

– Titre du périodique [type de support][3], année, tome, n° du fascicule [date de mise à jour de la référence[4]],

– Pages[5],

– Disponibilité et accès : adresse électronique du document.

―――――――――

1. Lorsqu'il y a plus de trois auteurs, on peut se contenter d'indiquer les trois premiers noms.
   Lorsqu'un ou plusieurs noms sont omis, on ajoute après le dernier *et al.* (*et alii*) (Norme AFNOR Z 44-005).
   S'il n'y a pas de nom d'auteur apparent, on commence par le titre.
2. Le prénom en entier ou l'initiale du prénom, si cela n'entraîne pas de confusion quant à l'identité de la personne.
3. On évitera les titres abrégés ; sinon, on se conformera aux abréviations normalisées. Voir *Liste d'abréviations de mots de titres*, publiée par ISSN International, en 2003.
   Les titres d'ouvrages et de périodiques sont cités en italiques.
   Le type de support doit être mentionné entre crochets après le titre. Ex. [en ligne], [cédérom] .
4. Les documents mis en ligne sont parfois modifiés. Si la date de la dernière modification n'est pas visible, indiquer entre crochets la date à laquelle on a consulté le document.
5. Première et dernière pages précédées ou non de p. ; p. 12 : seulement la page 12 ; p. 112-115 : des pages 112 à 115 ; 312 p. : document de 312 pages.

CARRIERE, Laurent. Hypertextes et hyperliens au regard du droit d'auteur : quelques éléments de réflexion. *Les Cahiers de propriété intellectuelle* [en ligne]. Septembre 1997 [réf. du 19 octobre 1998], p. 467-490. Disponible sur : http://www.robic.ca

Cas d'un article tiré d'une base de données

McNAMARA, Paul. Messaging Leadership Debated. *Network World* [en ligne]. 31 août 1998, vol. 15, n° 35, [réf. du 11 décembre 1998], p. 23-24. Disponible sur ProQuest Direct (Periodical Abstracts Research II).

Cas d'un article original

Le titre du périodique est remplacé par le titre du site. L'adresse citée est celle de l'article.

HOEMANN, George H. *Electronic style – elements of citation*. In Electronic style… the final frontier [en ligne]. 1995, [réf. du 28 février 1999]. Disponible sur : http://funnelweb.utcc.utk.edu~hoemann/elements.html

Prépublications (preprints)

Ordre des éléments de la citation :
– NOM[1], Prénom[2],
– *Titre,*

---

1. Lorsqu'il y a plus de trois auteurs, on peut se contenter d'indiquer les noms des trois premiers.
   Lorsqu'un ou plusieurs noms sont omis, on ajoute après le dernier *et al.* (*et alii*) (Norme AFNOR Z 44-005).
   S'il n'y a pas de nom d'auteur apparent, on commence par le titre.
2. Le prénom en entier ou l'initiale du prénom, si cela n'entraîne pas de confusion quant à l'identité de la personne.

- Nom de la série (fac.),

- Numéro (fac.),

- Année,

- Pages[1],

- Disponibilité et accès : adresse électronique du document [date de consultation],

- Identifiant (fac.),

- Nom de la revue où elle doit paraître (fac.).

DAVID, Max. *Fonctions spéciales et théorie des représentations*. Prépublication de l'Institut de mathématiques. N° 12. 2001. 20 p. Disponible sur : http://arXiv.org/abs/math/0102185 [consulté le 7 avril 2001]. Math. DG/0102185.

Ouvrages, bases de données, thèses

Ordre des éléments de la citation :

- NOM, Prénom,

- *Titre de l'ouvrage* [type de support],

- Lieu de publication, éditeur, date de publication [date de mise à jour],

- Format de publication,

- Disponibilité et accès.

---

1. Première et dernière pages précédées ou non de p. ; p. 12 : seulement la page 12 ; p. 112-115 : des pages 112 à 115 ; 312 p. : document de 312 pages.

Ouvrage

MAUGHAM, Somerset. *Moon and Sixpence* [monographie en ligne]. Projet Gutenberg, février 1995. [réf. du 3 mars 1999]. Format ASCII. Disponible sur : ftp://src.doc.ic.ac.uk/media/literary/collections/project_gutenberg/gutenberg/etext95/moona10.txt

Thèse

CARBONNEAU, Xavier. *Étude des propriétés thermomécaniques de mullite zircone et de zircon* [thèse en ligne]. Lyon : Institut national des sciences appliquées, 27 avril 1998. [réf. du 26 juin 1998]. Format PDF. Disponible sur : http://csidoc.insa-lyon.fr/these/1997/carbonneau/index.html

Chapitre d'ouvrage

CARROLL, Lewis. *Alice's Adventures in Wonderland* [en ligne]. Texinfo ed. 2.2. Dortmund, Germany : WindSpiel, novembre 1994 [réf. du 30 mars 1995]. Chapter VII. A Mad Tea-Party. Disponible sur : http://www.germany.eu.net/books/carroll/alice_10.html#SEC13.

Bases de données

IBISCUS, Système d'information pour le développement [base de données en ligne]. Paris (France) : Réseau IBISCUS, [1983-]. [réf. du 3 mars 1999]. Format World Wide Web. Disponible sur : http://www.ibiscus.fr

World Factbook 1998 [en ligne]. [Washington, D.C.] : Central Intelligence Agency, 1998. [réf. du 4 mars 1999]. France. Disponible sur : http://www.odci.gov/cia/publications/factbook/fr.html

Messages électroniques

Message issu d'un forum de discussion

Ordre des éléments de la citation :

– NOM, Prénom de l'auteur du message,

– Titre du message,

– Nom du forum de discussion [type de support],

– Lieu de publication, éditeur du forum,

– Date d'émission du message,

– Disponibilité et accès.

BOYD, Gerald E. Re : Hotmail. In *NETTRAIN (Internet/BITNET Network Trainers)* [en ligne]. Buffalo (N.Y.) : 9 février 1998. Disponible sur : http://listserv.acsu.buffalo.edu/archives/nettrain.html

Message personnel

Ordre des éléments de la citation :

– NOM, Prénom de l'auteur du message,

– Titre du message [type de support],

– Nom du destinataire,

– Date d'émission du message,

– Mention « Communication personnelle ».

PRITCHARD, Sarah. *Your Request for Information about ISO Standards* [courrier électronique]. Destinataire : Margaret MORRISON. 18 février 1995. Communication personnelle.

RECUEIL ET TRAITEMENT DES DONNÉES 1 : GRILLE D'ANALYSE THÉMATIQUE D'UN CORPUS

Voici un exemple d'entretiens portant sur le parcours de navigation d'un site Internet.

	Répondant n° 1	Répondant n° 2	(…)	Répondant n° 4
Qui ?	• Architecte	• Économiste de la construction	• (…)	• Chargé d'affaires en bureau d'étude
Quand ?	• Tous les jours ou presque	• Très occasionnellement	• (…)	• Deux à trois fois par semaine
Où ?	• Depuis le bureau ou depuis mon domicile, cela dépend	• Depuis mon bureau uniquement	• (…)	• Depuis le poste partagé entre collègues de bureau
Mode de connaissance du site ?	• Newsletter et moteur de recherche	• Le site est référencé dans l'Intranet	• (…)	• Par un collègue
Motivation(s) de visite ?	• Connaître les nouveautés • Approfondir ma connaissance des produits	• Rechercher un prix, une référence	• (…)	• Compléter les fiches techniques dans les réponses des appels d'offres
Informations recherchées ?	• Les produits • Les conseils de pose • Les prix	• Les prix • Les références • Les certifications ISO	• (…)	• Les certifications ISO • Les caractéristiques techniques
Rubriques consultées ?	• Le catalogue • Le tarif • Le configurateur	• Le configurateur • Le catalogue	• (…)	•
Identification ?	• Je suis abonné à la newsletter • Je déclare mes projets sur le site	• Je fréquente uniquement l'espace public	• (…)	• Abonné newsletter
Nombre de sites visités ?	• Quatre ou cinq	• Un seul	• (…)	• Deux ou trois

Adapté de Jolibert, A., Jourdan, P., *Marketing Research – Méthodes de recherche et d'études en marketing*, Dunod, 2006, p.60.

RECUEIL ET TRAITEMENT DES DONNÉES 2 : ÉCHANTILLONNAGE

Taille des échantillons, à 95 %, en fonction de la fréquence observée dans l'échantillon (p) et de la précision voulue (ε)

		P		
		0,05	**0,2**	**0,5**
	1 %	1900	6 400	10 000
	2 %	475	1 600	2 500
	3 %	211	711	1 111
ε	5 %	76	256	400
	10 %	19	64	100
	20 %	5	16	25
	30 %	2	7	11

L'échantillonnage sur des petites populations

Lorsque votre population mère est de petite taille (ex : enquête interne effectuée sur les salariés d'une entreprise), la taille de l'échantillon et la taille de la population sont liées mais pas de manière linéaire. Le tableau ci-dessous vous donne des approximations de tailles d'échantillons admissibles au seuil de confiance de 95 %, avec un risque d'erreur de 5 %.

Table d'échantillonnage pour petites populations

Population	Échantillon
50	45
75	63
100	80
200	132
300	139
500	218
750	255
1 000	278
2 000	323

RECUEIL ET TRAITEMENT DES DONNÉES 3 :
TABLE DE NOMBRES AU HASARD

```
02 22   85 19   48 74   55 24   86 69   15 53   00 20   88 48   95 08
85 76   34 51   40 44   62 93   65 99   72 64   09 34   01 13   09 74
00 88   96 79   38 24   77 00   70 91   47 43   43 82   71 67   49 90
64 29   81 85   50 47   36 50   91 19   09 15   98 75   60 58   33 15
94 03   80 04   21 49   54 91   77 85   00 45   68 23   12 94   23 44
42 28   52 73   06 41   37 47   47 31   52 99   89 82   22 81   86 55
09 27   52 72   49 11   30 93   33 29   54 17   54 48   47 42   04 79
54 68   64 07   85 32   05 96   54 79   57 43   96 97   30 72   12 19
25 04   92 29   71 11   64 10   42 23   23 67   01 19   20 58   35 93
28 58   32 91   95 28   42 36   98 59   66 32   15 51   46 63   57 10
64 35   04 62   24 87   44 85   45 68   41 66   19 17   13 09   63 37
61 05   55 88   25 01   15 77   12 90   69 34   36 93   52 39   36 23
98 93   18 93   86 98   99 04   75 28   30 05   12 09   57 35   90 15
61 89   35 47   16 32   20 16   78 52   82 37   26 33   67 42   11 93
94 40   82 18   06 61   54 67   03 66   76 82   90 31   71 90   39 27
54 38   58 65   27 70   93 57   59 00   63 56   18 79   85 52   21 03
63 70   89 23   76 46   97 70   00 62   15 35   97 42   47 54   60 60
61 58   65 62   81 29   69 71   95 53   53 69   20 95   66 60   50 70
51 68   98 15   05 64   43 32   74 07   44 63   ·52 38   67 59   56 69
59 25   41 48   64 79   62 26   87 86   94 30   43 54   26 98   61 38
85 00   02 24   67 85   88 10   34 01   54 53   23 77   33 11   19 68
01 46   87 56   19 19   19 43   70 25   24 29   48 22   44 81   35 40
42 41   25 10   87 27   77 28   05 90   73 03   95 46   88 82   25 02
03 57   14 03   17 80   47 85   94 49   89 55   10 37   19 50   20 37
18 95   93 40   45 43   04 56   17 03   34 54   83 91   69 02   90 72
```

Kendall et Babington Smith, adapté de *Action commerciale*, Foucher, 1987, p. 117.

Si l'on désire tirer au hasard 150 personnes parmi une liste de 952 individus, on pourra par exemple se donner comme consigne de prendre tous les groupes de trois chiffres en allant vers l'extrémité de la colonne de gauche, en remontant vers le haut de la colonne et en se déplaçant ensuite dans le sens des aiguilles d'une montre.

Ainsi, si de manière aléatoire par un jet de dés par exemple, en ayant numéroté les colonnes au préalable, on atterrit sur la colonne en bas à gauche de la table, on sélectionnera le numéro 189 puis le 35, le 424 et ainsi de suite, jusqu'à sélectionner ainsi 150 numéros.

RECUEIL ET TRAITEMENT DES DONNÉES 4 : TRIS À PLAT

Voici un exemple de graphiques pouvant être obtenus après avoir effectué des tris à plat à l'aide d'un logiciel approprié.

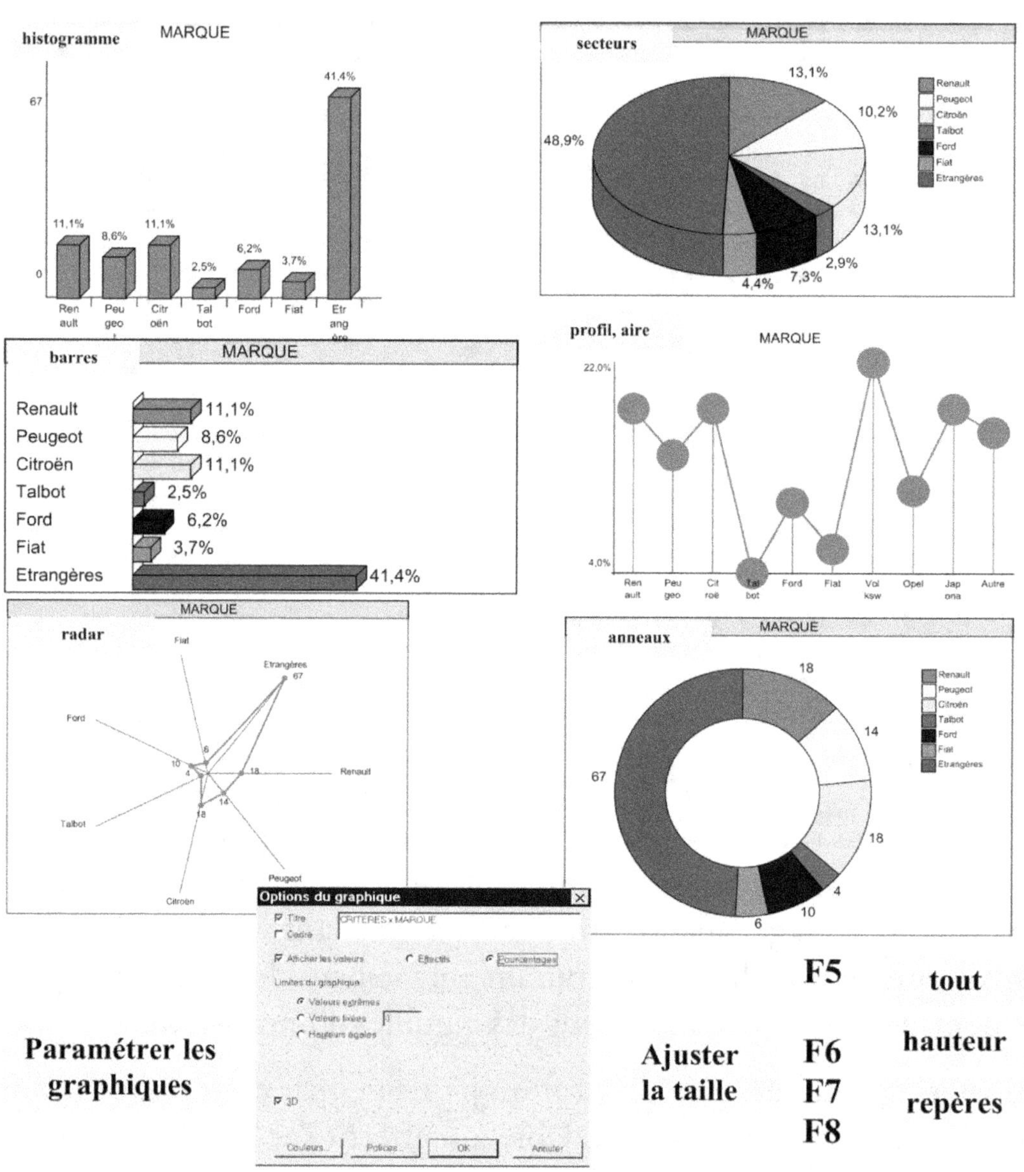

Paramétrer les graphiques

Ajuster la taille

F5   tout

F6   hauteur

F7   repères

F8

Source : Le Sphinx développement, *Manuel d'utilisation*, juillet 2003, p.181.

Recueil et traitement des données 5 : tris croisés

Voici un exemple de graphiques liés à des tris croisés qu'il est possible
d'obtenir grâce à un logiciel de dépouillement d'enquêtes.

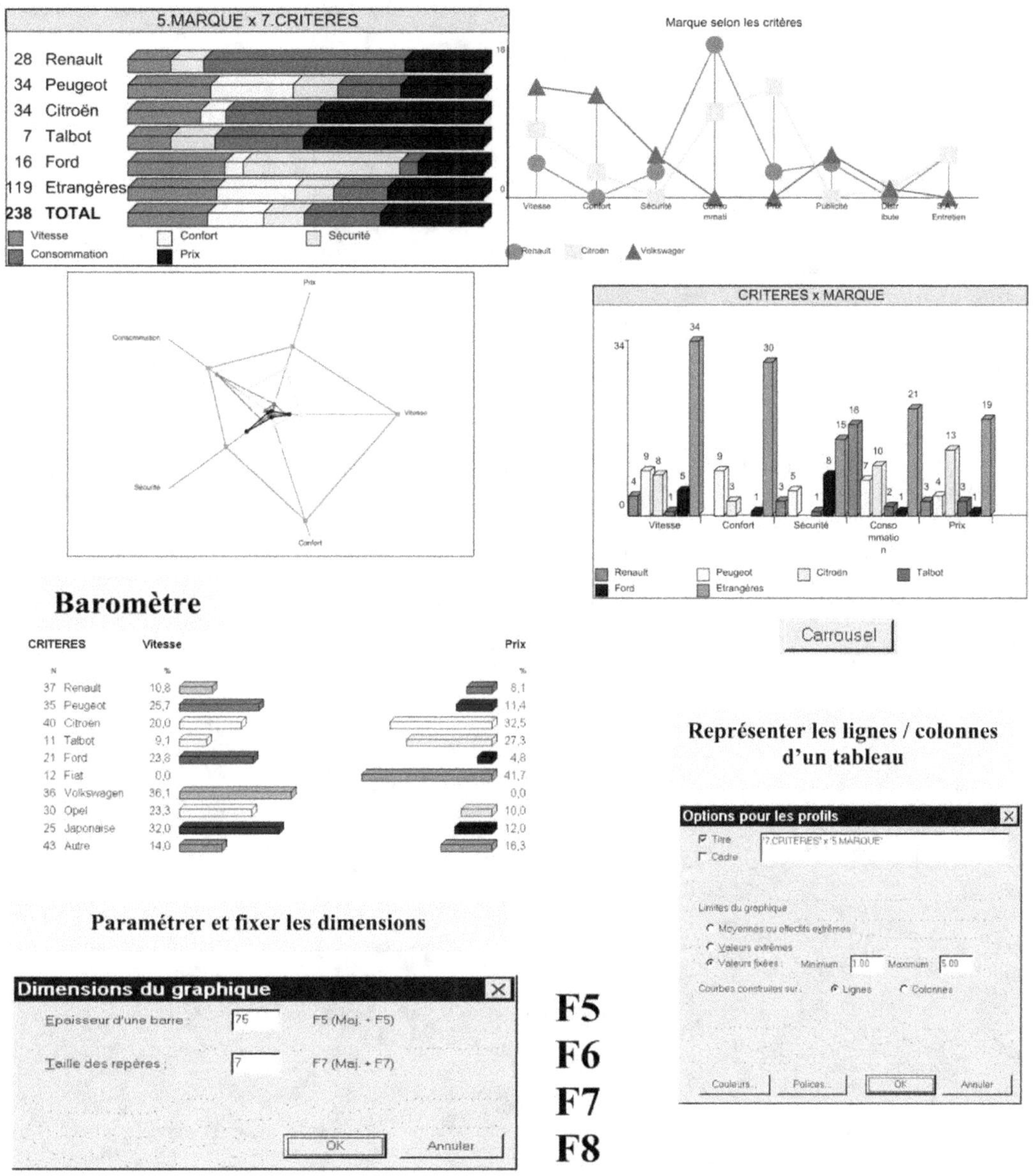

Source : Le Sphinx développement, *Manuel d'utilisation*, juillet 2003, p. 205.

Conclusion

La réalisation d'un mémoire est un travail ardu qui demande un fort investissement de la part de l'étudiant. Le but du mémoire opérationnel est de permettre à son auteur de confronter les concepts théoriques mis en évidence par une littérature académique et professionnelle à un véritable terrain d'observation.

Toutes les parties concernées, étudiants et entreprises observées, peuvent – et doivent trouver leur compte – dans cette démarche : les perspectives de pistes pratiques mises en évidences susciteront l'intérêt des étudiants, tandis que les chefs d'entreprise seront fortement intéressés par ce regard neuf et expert sur les problématiques qui les préoccupent.

Par cet ouvrage, nous avons souhaité aider, de façon pragmatique, les étudiants concernés à s'engager avec succès dans la réalisation d'un mémoire opérationnel, passage obligé de leurs études.

Nous avons également souhaité contribuer à ce que les univers académique et professionnel se rencontrent pour résoudre des problèmes communs et pour que les étudiants, par le biais d'un mémoire rigoureusement mené, deviennent des professionnels reconnus.

Bibliographie

BEAUD, M., *L'Art de la thèse*, La Découverte, 2006.

BOULOCHER, V., FLAMBARD, S., JEAN, S., *L'Analyse d'un marché*, Vuibert, 2003, p. 49.

CAMUS, B., *Rapports de stage et mémoires*, 3e édition, Éditions d'Organisation, 2001.

ECKENSCHWILLER, M., *L'Écrit universitaire*, Éditions d'Organisation, 1994.

ÉVRARD, Y., PRAS, B., ROUX, E., *Market – Études et recherches en marketing*, Dunod, 2003.

FONDANÈCHE, D., *Guide pratique pour rédiger un mémoire de maîtrise, de DEA ou une thèse*, Vuibert, 1999.

FRAGIÈRE, J.-P., *Comment réussir un mémoire*, Dunod, 1991.

GREUTER, M., *Bien rédiger son mémoire ou son rapport de stage*, L'Étudiant, 2003.

GUIDÈRE, M., *Méthodologie de la recherche*, Ellipses, 2004.

HELFER, J.-P., ORSONI, J., *Marketing*, Vuibert, 8e édition, 2003.

JOLIBERT, A, JOURDAN, Ph., *Marketing Research – Méthodes de recherche et d'études en marketing*, 2006.

KALIKA, M., *Le Mémoire de master*, Dunod, 2005.

KOTLER, P., KELLER, K.L., *Marketing Management*, 12e édition, Pearson, 2006.

LAUGINIE, J. M, MANSILLON, G., LOUEY, L., RIVIÈRE, M, BARTHÉLÉMY, J. C, COUDERC, J.-P., DUBOIN, J., *Action Commerciale*, Foucher, 1987.

LE BRAS F., Les *Règles d'or pour rédiger un rapport, un mémoire, une thèse*, Éditions Marabout, 1993.

MICHEL, J.-L., *Le Mémoire de fin d'études dans les écoles de commerce*, Ellipses, 2002.

MINTO, B., *De l'idée au texte, raisonner et rédiger de manière logique*, Inter-Édition, 1993.

THIÉTART, R.-A., *Méthodes de recherche en management*, Dunod, 2003.

VERNETTE, E., GIANELLONI, J.-L., *Études de marché*, Vuibert, 2001.